Te CAMBIO tus LÁGRIMAS por MIL SONRISAS

Reinicia tu felicidad

JEANETTE MILAGROS ARROYO DÍAZ

Autoeditado

Te cambio tus lágrimas por mil sonrisas

Segunda edición: Septiembre 2019

Autoedición: ©Jeanette Milagros Arroyo Díaz

Maquetación y portada: Mònica Reverté Marín @calagrafica

Imagen portada: pacrovka/stock.adobe.com - kittikorn Ph./stock.adobe.com

Impresión: Romeo Ediciones

Impreso en España

53756577B

jemilagritos@yahoo.es

Jeanette es una mujer ejemplo de valentía y superación. La definen como una persona alegre, risueña, positiva y exitosa y piensan que eso se debe a que ha tenido mucha suerte en la vida. Lo que casi nadie sabe, es que no siempre estuvo así de feliz. Su gran secreto nos lo cuenta en sus libros.

En ellos ha volcado toda la información, que buscó, pidió y experimentó para salir de situaciones muy difíciles que la llevaron a vivir días oscuros en los que deseo abandonar el plano terrenal. Pero logró superar estas pruebas y reencontrarse con ella misma recordando lo que llevaba en su corazón.

Peruana de nacimiento y de profesión matrona, llegó a Madrid hace 19 años persiguiendo su sueño profesional de conseguir una maestría y luego regresar a su país. Sin embargo, la vida le deparaba otros planes.

Actualmente sigue ejerciendo la profesión que estudió y la que sigue realizando con pasión a pesar de vivir muy de cerca la violencia de género, las etiquetas y los prejuicios sociales al ser emigrante y separada, todo, lo logró superar con su trabajo personal y la ayuda de seres bondadosos que encontró en su camino. Tuvo un grave accidente de tráfico y de ese momento difícil de su vida pudo entender que era el momento de contar al mundo toda la información que lleva aprendida.

En sus libros, TE CAMBIO TUS LAGRIMAS POR MIL SONRISAS, SER MADRE DESDE OTRA MIRADA Y CREANDO UN PADRE EXPERTO, recoge experiencias y enfoques prácticos para motivarte y brindarte pruebas reales de que sí se puede vivir la vida que deseas porque te mereces ser feliz .

Dedicatoria

Este libro está escrito para los hombres y las mujeres del mundo, para aquellos seres que, en algún momento de sus vidas, sintieron que perdieron su rumbo y se encontraron en la oscuridad. Aquí les entrego un instrumento para que recuerden los seres divinos que son.

Porque el dolor puede ser parte del camino, pero el sufrimiento es tu elección. Te ofrezco este bálsamo para tus heridas. El trampolín a tu felicidad.

Eres tú, quien decide cuando empezar y lograr el cambio hacia el estado de plenitud, paz interior, libertad y fe que te mereces y te pertenece por ser hij@ de un Ser Superior.

Gracias, mi fuente divina, por el amor que recibo de ti y por el legado que me has otorgado para expandirlo por todo el mundo.

Mujeres y hombres del mundo, esta trilogía es indispensable.

Me he emocionado en cada historia de vida que cuenta Jeanette. Es un verdadero Reinicio a tu Felicidad

Es una herramienta básica, no sólo para afrontar de la mejor manera esas situaciones que te paralizan, sino para ser realmente una persona de fe, una persona exitosa y feliz.

Marta Nogués, autora de la saga **SÍ A LA VIDA.**

Subcampeona de Europa, finalista en Campeonatos del Mundo de Natación y Veterinaria.

Ante un testimonio tan auténtico, desnudo, valiente, de auto superación y tan profesional, pondero la riqueza de contenido, el carácter equitativo y la generosa contribución de esta trilogía. Admirando a la autora por su belleza íntegra y el brillo de su luz. Un tesoro con el que poder aprender a disfrutar de una vida más plena y feliz. Gracias por tanto, querida Jeanette.

Ana Cristina Paniagua, autora de la trilogía **EL LATIDO DEL BAMBÚ.**

Jeanette en su maravilloso libro ,"Te cambio tus lágrimas por mil sonrisas", nos ayuda a salir de ese pozo en el que, todos, alguna vez en la vida, hemos estado sumergidos. Gracias a Jeanette podemos ver la luz al final del túnel y podemos desarrollar el poder que hará que nuestra vida pase a un siguiente nivel.

Gracias Jeanette por cambiar nuestras lágrimas por sonrisas.

Carlos Santana Mina, autor de la trilogía **ALMA DE AGUILA.**

"Reinicia tu felicidad" es una invitación a vivir la vida desde la plena consciencia. Jeanette nos explica, a través de sus experiencias personales, cómo se pueden cambiar las lágrimas por mil sonrisas. Aprendiendo a empoderarte y haciéndote responsable de tu propia vida que es como se sale de las encrucijadas que la vida, a veces, te pone. Gracias por tu sincero y profundo relato. Estoy segura de que tu historia ayudará a muchas personas que, sin duda, pasan por circunstancias parecidas y no ven luz al final del túnel. GRACIAS, GRACIAS, GRACIAS.

Raquel París, autora del libro **¿TE SIENTES LIBRE?**

¿Sientes que estás en un pozo sin salida? ¿Eres incapaz de ver la luz? ¡¡No te preocupes!! Jeanette te enseñará, a través de sus experiencias personales, cómo dar un cambio radical a todos tus problemas. Ella ha tenido que superar situaciones muy impactantes a lo largo de su vida. ¡Tú no vas a ser menos! Hay conocimientos que no se aprenden en la escuela pero la lectura de ésta trilogía provocará un antes y un después en tu vida.

Lucia de la Fuente Barbero, autora de la trilogía **ÁMATE.**

"Te cambio tus lagrimas por mil sonrisas" es un libro que no puedes dejar de leer. A través de las historias de Jeanette, te permites ver que todo se puede afrontar, ella te muestra como no importa el desafío que se haya presentado, siempre podrás resolverlo y crecer con la experiencia.

Liz De la Cruz, autora de **TE PRESENTO A TI.**

Jeanette viene a tendernos la mano aportándonos herramientas con las que afrontar este cambio; herramientas que nos servirán también en cualquier otro momento de nuestra vida en el que necesitemos reiniciar nuestra felicidad.

Mada Guzmán, autora de la trilogía **GOZAR LA MATERNIDAD.**

Reiniciar la felicidad es posible, Jeanette lo hace realidad con esta trilogía única, llena de historias y de emociones básicas que van más allá de cualquier cosa. La unidad entre la vida, la transición y la ventaja de ver a través del cristal de enseñanza es lo que me llevo con esta lectura! Mil gracias.

Carolina Castro, autora de la trilogía **EN EL NOMBRE DE TU ÉXITO.**

La Trilogía "Reinicia Tu Felicidad" ha sido una lectura maravillosa que me ha cambiado el prisma desde el que estaba enfocando mis circunstancias personales y familiares. Además, me ha aportado muchas nuevas herramientas con las que me es más fácil afrontar los desafíos que se me van presentando. Muchas Gracias Jeanette.

Julio Mecerreyes, autor de la Saga
LA ESCALERA A TU NUEVA VIDA.

¿Alguna vez la vida te tocó tan fuerte que sentiste la necesidad de renacer? Jeanette tuvo uno de estos momentos. De ahí, la visión de contar al mundo las herramientas que le han servido para seguir adelante contra todos los pronósticos. Hija, madre y matrona, nos deleita con las vivencias de sus experiencias y nos conduce con más herramientas necesarias para el despertar de la maternidad consciente, del auto cuidado, del cuidado interior, en este proceso tan maravilloso. Lo ancla todo  en algo fundamental, que es la paternidad, un padre despierto, que entienda que la crianza es el sueño de cualquier madre. ¿Qué decir?, se le escucha al leerla. Su trilogía es una inversión para nosotras mismas. Su ejemplo nos conduce en el camino de la libertad consciente y decidida por nosotras.

Adriana Casonatto, autora de la trilogía

ROMPIENDO SUPERSTICIONES.

Este libro me iluminó y me dio la esperanza para no claudicar en la búsqueda de mi felicidad. Todas tus historias de vida me inspiran y movilizan a ir por mis sueños, que son el motor para mi vida. Sí, se puede. Y gracias a ti por haberte comprometido con mostrarnos cómo hacerlo.

Gastón Higa, Argentina.

Mi nombre es Rocío, he leído la trilogía de Jeanette. Gracias, es lo primero que quiero decir por dos razones. La primera, porque Jeanette ha compartido momentos muy duros de manera fiel y eso exige mucha valentía. La segunda, porque me he visto identificada en muchas de sus experiencias.

Finalmente, diré que es una trilogía llena de esperanza y fuerza, con muy buenos consejos y que tanto hombres como mujeres deberían leer.

Rocío Testa Álvarez, psicóloga, autora de cinco libros y de la trilogía **¿QUIERES SABER POR QUÉ LO HAS HECHO?**

Este libro es un camino hacia la Luz.

Jeanette, a través de su historia personal y profesional, nos hace reflexionar sobre los momentos en los que nos sentimos estancados en la oscuridad.

Es un manual de superación y de amor a la vida

Pilar Romar, autora de **EL CORAZÓN DEL ICEBERG.**

Ahora más que nunca admiro tu fortaleza y tu entereza para seguir levantándote, reinventándote y viviendo las cosas en un plano en el que muchos estamos aún ciegos. Veo tus libros como esa luz y ese despertar que necesitamos y estoy segura nos servirán en muchas etapas de vida. Gracias totales Jeanette.

Gisela Gutiérrez Lozada.
Gestora financiera Open Bank.

No hay duda que eres una hija predilecta de Nuestro Padre Celestial! Tienes la gran oportunidad de ser un instrumento de Dios para que a través de tus libros nos transmitas el infinito amor que El nos tiene a cada uno de nosotros! Felicitaciones!

Jackeline Ulloa, Ingeniera industrial, Perú.

Conocí a Jeanette durante mi primer embarazo. Ell era mi matrona y desde el minuto uno me transmitió mucha paz y tranquilidad. Cuando nació Alyssa nos costó un poco adaptarnos a la lactancia materna y desde aquí quiero dar una vez más las gracias a Jeanette porque nos ayudó tanto que seguimos después de tres años.

A raíz de nuestra relación matrona-paciente empezó una relación de amistad en la que me ha ayudado mucho a creer en mi misma, a ver el otro lado bueno de las cosas, a luchar por lo que siento y pienso. En definitiva a no rendirme nunca ante ninguna adversidad. Porque si una puerta se cierra,otra se abre.

Es una mujer muy luchadora y positiva que te da muy buena energía cuando más la necesitas. Gracias Jeanette por escribir tu trilogía.

Rosa Mª Rodriguez Guzmán, dependienta en tiendas Aldi

Es un libro que me hubiera gustado tener antes de vivir mi primera experiencia como madre, pero que también me da una lectura muy positiva ahora que ya ha pasado el tiempo. Tiene el primer libro que te anima a ser mejor, a creer en ti, a descubrirte como mujer para que lo puedas aplicar en otros aspectos de tu vida. Obviamente para ser mejor persona, sin críticas, siendo constructiva y con la idea de mejorar siempre y aprender de la experiencia y mirar siempre hacia adelante. Te da pautas para encontrar dentro de ti como todo puede ir a mejor, a descubrir que en tu interior están muchas de las respuestas, algunas buscadas conscientemente, otras que se han quedado en el aire pero que necesitan igualmente respuesta, que solo tenemos que tener paciencia para abrir los ojos y ver, ver de verdad. Mil gracias Jeanette por tu testimonio, me ha llegado tu mensaje.

Montserrat Ramírez Villalba.
Ingeniera de telecomunicaciones, Madrid.

Índice

Prólogo

Todos los seres humanos del planeta han sentido en algún momento de su vida que todo iba mal, que el mundo parecía estar en su contra y que nada les salía como habían planeado.

De alguna u otra forma, es la historia de todos.

Lo que sí nos diferencia unos a otros es la manera en que enfrentamos esos momentos.

En un mundo en el que todo el mundo ante la adversidad se hunde, las personas que se sobreponen y aprenden a aprovechar esos desafíos para impulsarse hacia adelante, de repente se convierten en personas extraordinarias.

EXTRAordinarias porque hicieron un EXTRA.

Ese EXTRA solo se puede hacer con FE. La FE es la certeza de lo que se espera, la convicción de lo que no se ve. Entonces si crees que lo mejor está por llegar, no te dejas llevar por las circunstancias externas y te concentras en las bendiciones que quieres ver aparecer en tu vida.

Gracias a eso, tomas acción masiva hacia tus sueños y, entonces, mientras todos se hunden en sus miserias tú sigues para adelante dejando la oscuridad atrás y aproximándote a la luz.

Si tú estás aquí estoy seguro que eres de los que siguen avanzando.

Las cosas no suceden por casualidad, como tampoco el

hecho de que tengas este libro en tus manos. Esto significa que tiene un mensaje importante para ti y que puedes sacarle partido para dar un salto cuántico en tu vida.

Gracias Jeanette por escribirlo y a ti, amado lector, por leerlo.

LAIN, autor de la Saga de LA VOZ DE TU ALMA.

www.lavozdetualma.com

Introducción

Hace un tiempo, descubrí que me costaba llegar a escuchar mi voz interior, mi deseo interno, mi propósito verdadero, aquél que me indicaba lo que he venido a ser para realizarme en armonía con lo que me rodeaba.

Pero fui consciente de que, todo lo que hacía por ese entonces, no me permitía actuar siendo yo. Y como consecuencia, no dejaba que se manifestase mi razón de existir.

Pero llegaron, a mí, desafíos cada vez mayores. Aunque, en un principio, no supe interpretar para qué se me mostraban, esto no impidió que mi fe descubriera que formaban parte de un plan perfecto, que en esos momentos no podía ver.

Pedí, como último grito de fuerza, "¡ayuda para ver la luz!". Y sin entender muy bien, cómo ni cuándo, empecé a sentir que, esos desafíos, estaban allí para que los recuerdos de haber sido herida, dañada y violentada, junto con mis deseos de irme de este plano, se quedaran como una cicatriz, un paso anterior a que me llegara la claridad.

En este primer volumen de mi trilogía quiero que encuentres, en cada página, los mensajes de esperanza y fe que he escrito pensando en ti.

Te acompañaré en esta parte de tu vida con el fin de que recuperes tu autodefinición. ¡Sí!, que te redefinas como el ser valioso que eres, te permitas actuar con el amor incondicional que albergas en tu corazón y reconozcas el poder que tienes constantemente de *reiniciar tu felicidad.*

Porque cuando ya se ha conocido la oscuridad y se ha sentido que no quieres estar más en ella, no siempre se sabe cómo volver a ver la luz ni a quienes pedir ayuda o consejo. Te dejo aquí la prueba real de que sí se puede.

Déjame acompañarte, en esta nueva etapa de tu vida, a que redescubras todo el potencial que llevas en tu interior y utilices herramientas como las que apliqué en mi vida personal y que me ayudaron a convertirme en la mujer que soy.

Sé que después de que leas **Te cambio tus lágrimas por mil sonrisas,** tu vida será más feliz que antes, habrás recuperado tus poderes, tu valentía y desatado el amor para tu propio bien y el del mundo que te necesita.

Gracias por existir y estar aquí.

I.
Tu despertar

No te rindas, por favor, no cedas,

Aunque el frío queme,

Aunque el miedo muerda,

Aunque el sol se ponga y se calle el viento,

Aún hay fuego en tu alma,

Aún hay vida en tus sueños,

Porque cada día es un comienzo,

Porque esta es la hora y el mejor momento,

Porque no estás sola,

Porque yo te quiero.

Mario Benedetti

¿QUIÉN SOY, QUIÉN ERES?

Esta pregunta me la hacía la gente de pequeña con frecuencia y siempre respondía, con una sonrisa, diciendo mi nombre completo. Sin embargo, cuando llegué a la adolescencia, tenía alguna otra pregunta más rondándome la cabeza; pero fue en la asignatura de psicología que nos dieron como deberes (tarea) para casa, escribir *"¿quién soy?"*.

La verdad, no recuerdo con exactitud lo que escribí, pero si recuerdo la sensación de desconcierto que descubrí al verme una persona sin nada que me perteneciera. Me veía como la hija de…, la hermana de…, la alumna de…; veía que *era de todos*.

Pero, ¿que había de lo que me pertenecía? Me miré en el espejo de mi habitación y vi que hasta mi cuerpo iba por libre, se estaba autodefiniendo, tampoco me pertenecía, solo tenía que confiar en que pronto vería mi figura externa, aquella que me identificaría, independientemente de si me gustaría, o no, el resultado final.

Seguí observándome y miré mis manos, pude recordar las aficiones que tenía y vinieron un par de sonrisas a mi rostro: dibujar, pintar y soñar… uhmm que hermoso. ¡Soñar que recorrería el mundo!… ¡qué libertad! , sin límites… Y sin darme cuenta, había descubierto que tenía unas cualidades internas y unos valores que me gustaban y eso si podía controlarlo, ¡eran mis pertenencias!¡ mis tesoros!

Sin embargo, fui creciendo y empecé a sentir miedo, sentí

la presión y el temor colectivo cuando me iba acercando al final de la vida escolar, la elección de la carrera profesional. Sentía que era una decisión importante y determinante para mi vida, entendía que el éxito profesional guardaba relación con encontrar la felicidad.

Siguió pasando el tiempo y a ese temor le añadí el propósito de conseguirlo con determinados requisitos. Por ejemplo, a una determinada edad, entendiendo que tenía un ciclo biológico que cumplir sin poder pausar ni dilatar el tiempo. Tenía que llegar lo más pronto a ser una profesional, una mujer felizmente casada y con una familia bien estructurada en un tiempo limitado por mi sociedad y mis conceptos de "edad reproductiva".

Hoy puedo decir que ese temor, que sentí a los 13-14 años, estaba relacionado con mi forma de ver las cosas, con creencias que no eran mías pero que regulaban mi realidad; y por otro lado, con mi falta de compasión conmigo, exigiéndome resultados en situaciones que no eran dependientes al 100% de mí. Tardé en verlo, pero la vida me ayudó a hacerlo.

Ahora a mis 46 años, he entendido que el despertar es individual pero a la vez sincrónico. Que cuando estás buscando herramientas para reconocerte y ser tú, hablándote con la verdad y creyendo en ti, es cuando descubres que los obstáculos, las incomodidades y las desventuras estaban allí para que tu corazón y tu alma, aún dañada, herida, o débil, volviera a alzar el vuelo, volviera a confiar, a crear sueños y a luchar por hacerlos realidad sin importar los tiempos, sin importar tu modo. Solo importando el buen fin, solo importando tu verdadero y bondadoso propósito de vida.

> **A partir de ahora elige ser un ave fénix y atrévete a mirarte como el ser que renace de las cenizas, que se acepta, se perdona y decide volver a empezar.**
>
> **Jeanette**

UN MENSAJE PARA TI

Estoy aquí para recordártelo.

Sigue caminando,

Sigue avanzando,

Descubre lo que tienes dentro de tí,

Agradece todo lo que recibes,

Es lo que necesitas para continuar la vida,

Tu vida,

Elige materializar la vida que deseas tener,

Pero nunca olvides de quien vienes,

Es, Él, la fuente inagotable de tus bendiciones,

Confía en su respuesta, ¿quién eres?…

Eres un milagro de la vida.

Con amor, de parte de Jesús.

NUESTRO PASO POR LA VIDA

Somos caminantes con libre elección aunque no siempre vamos despiertos. Por eso a veces vivimos esperando que nos lleguen cosas de fuera. Solo pedir o desear, sin que tú hagas tu parte, no da ningún resultado positivo.

Se necesita de tu acción, de tu **fuerza de voluntad,** y de que sientas esas **ganas de involucrarte para tener los resultados que esperas.** Pero si actúas como si siguieras una moda, una rutina, haciendo lo que hacen las personas de tu entorno sin estar seguro de que eso es lo que realmente deseas, los resultados te lo harán ver; si no los entiendes a la primera manifestación, se te **aparecerán situaciones repetidas** para que entiendas que **la incongruencia entre el actuar y el deseo de tu corazón están presentes.**

Observa todo lo que atraes, todo lo que te ocurre, todo lo que no te gusta y te llega. Tarde o temprano entenderás que todo está intentando decirte que eso no te lleva a tu verdad, a tu felicidad.

La vida no va de cuestionar nuestras caídas, sino de comprender que eran necesarias para cambiar algo que hasta ahora no veíamos. Solo así, tu visión te guiará hasta tu camino.

Es mucho mejor aprender desde la experiencia de otros y practicar herramientas que nos ayuden a incrementar nuestras virtudes. Siempre es mejor aprender desde la observación, la escucha y el ejemplo de vida que desde el dolor del alma.

Ahora, espero que, no solo desees o pidas tener una buena relación conyugal, o con tus hijos, o con tus padres, o encontrar un amor de pareja, o tener más abundancia económica… Sino que tomes el verdadero sentido de la vida, que es hacer tu parte, siguiendo tu voz interior, si actúas en armonía con tu corazón y no solo pensando en tu bienestar, sin aferrarte al resultado, todo lo que deseas se manifestará porque se regirá por un interés universal y no personal.

Conocer el para qué de nuestra existencia, le dará un brillo especial a tu rostro. La vida no va de vivir por vivir sin un sentido especial. No va de dejarte arrastrar por todo, o por lo conocido, sin un sentir de estar a gusto haciendo lo que haces.

La vida es finita, y es la oportunidad que tienes de hacer todo lo que te gustaría hacer pensando en el bien hacia ti y hacia los demás.

No olvides escuchar a lo que yo le llamo el "gusanito interior", aquello que, a pesar de hablarte bajito, no te deja tranquil@, hasta tal punto, que cuando escuchas hablar de un determinado tema o te suceden determinadas situaciones, este hace que se remueva algo dentro de ti ocasionándote incomodidad y/o malestar para decirte que no estás en coherencia con lo que eres y que tienes que despertar del letargo, de la monotonía o del sufrimiento que crees que te ha tocado vivir.

Te voy a ayudar a que empieces soltando el miedo, ese

que encadena, que esclaviza para mantenerte sujet@ a una situación, diciéndote "no arriesgues", "no hagas nada diferente a lo conocido", aquel que te dice *"no averigües cosas nuevas, ¿para qué vas a perder tiempo con cosas desconocidas?, si más vale lo viejo conocido que lo nuevo por conocer"*.

<u>No te dejes confundir,</u> esa voz es la de tu mente, que solo desea mantenerte en la obediencia o cotidianidad aún sin tener paz, pero nos confunde por la <u>seguridad</u> que nos da aparentemente <u>a expensas de restarnos el estar felices.</u>

Deseo que encuentres tu luz, que recuperes tu autoconfianza y practiques tu sabiduría interior. Deseo ayudarte porque pasé por experiencias en las que si hubiese encontrado, en mi vida, no solo herramientas, sino personas cercanas, comunes que hubiesen vivido situaciones como las mías y con su ejemplo me hubiesen demostrado que se puede lograr el cambio en positivo, me hubiera ahorrado lágrimas y sufrimiento de más.

> **Deja de actuar como si la vida fuera un ensayo, vive este día como si fuera el último. El pasado ha terminado y se ha ido. El futuro no está garantizado.**
>
> —**Wayne Dyer**

CUANDO YA HA DOLIDO BASTANTE

Cuando llevas mucho tiempo en una realidad que no te gusta, suele suceder que pierdes la sensación de desagrado a ella, surge una conformidad inconsciente, que te hace creer que te pertenece o que te la mereces porque es lo que te ha tocado. O como dice un dicho popular *"ya estás sobre el burro, ahora solo tienes que aguantar los palos"*.

Puede ocurrir que te hayas rendido al dolor, a la humillación y a la frustración. Para tu mente, estás a salvo, y evita que escuches las señales que te ayudan a cambiar ese estado de inconsciencia y de resignación.

Es entonces, cuando la vida te habla, ya no solo tu mente, que te trata de confundir, sino que ahora tienes en tu cuerpo o en tus situaciones diarias, algo que te ha sacado de tu letargo, de ese letargo/adormecimiento que te tenía atado de pies y manos para que no hicieras nada y no te movieras para cambiar de estado.

Si ahora estás pasando por una situación que te duele, te molesta mucho o simplemente has descubierto que no estás a gusto en ella; déjame decirte que no gastes tu tiempo y tu energía encontrando el por qué de lo que te ocurre; puede que no te de la vida para responder esa pequeña pregunta.

Lo que sí debes hacer, es <u>empezar a practicar</u> todo lo que te ayudará a ser la persona y el ser que deseas manifestar o lo que no recuerdas que eras hace un tiempo.

Yo digo, que las situaciones más difíciles que viví fueron el empujón que necesitaba para encontrar mi verdadero propósito de estar a gusto conmigo. Descubrí que una pequeña decisión podía costar esfuerzo y tiempo en hacerla efectiva, pero cuando lo había descubierto y tenía claro lo que si deseaba tener, vivir o experimentar, porque ya lo conocía solo que lo había olvidado, entonces, con solo desearlo y haciendo los pasos, que entendí que eran los adecuados a mi situación, solo así, conseguí sentir que mi vida se iba transformando.

Cuando algo ya ha dolido bastante, te puedo asegurar que tienes que actuar para cambiar tu actitud. No basta con culpar a la situación, a las personas o cuestionar el poder de Dios por todo lo que te pasa.

Aunque te entiendo, si sientes o has sentido todo esos sentimientos confusos que no te ayudan a ver las cosas claras. Solo te pido que confíes en que está sucediendo todo para que vivas desde otro estado de consciencia. Tienes que tomar decisiones y hacerlas; basta ya, de solo pensar, y repetir palabras y frases intentando conseguir resultados como por arte de magia.

Tienes que involucrarte en tu cambio, solo tú puedes manifestarlo. Utiliza las herramientas que te llegan para vivir tu nueva vida desde otra vibración, desde otra consciencia donde seas tú, la persona que elige y dirige cuando usarlas.

También recuerda usar las gafas de la claridad, de la ilusión y la esperanza, quizá te cueste, has estado mucho tiempo mirando la oscuridad y cuando empiezas a ver la luz puede que sientas malestar y rechaces la bondad y la belleza de las cosas que existen y están dispuestas a ser tuyas.

> **Suelta la venda del no puedo y tira las gafas de la carencia.**
> **Jeanette**

QUÉ ELIJO

A veces, interpretas que la vida te dice, "éste es tu camino", pero sigues el camino y no lo disfrutas, algo dentro de ti está incómodo. No eres feliz con lo que haces.

Entonces te surge la duda, "¿y si dejo este camino?". Tienes, entonces, dos opciones: si dices, "no quiero cambiar" continuarás en tu misma rutina, viviendo sin sentirte cómod@ con lo que quieres ser, porque aunque te reconoces débil, crees que es mejor seguir así, ¡total nada es perfecto!

Y **si dices "sí quiero cambiar"**, entonces surge el miedo, cambiar todo lo que sea relacionado con este camino. Lo primero, empezar diciéndoselo a las personas que te rodean, "¿cómo reaccionarán?, puede que protesten y digan cosas que no te gustaría oír".

Pero recuerda que a ti no te puedes engañar. Volverás a sentir el deseo, las ganas de ser feliz haciendo lo que te dice tu corazón, tu alma y tu voz interior. Y los años pasan y la vida te sigue retando y diciéndote, **"hazlo ya, éste es tu momento"**.

A cada instante, el universo te regala propuestas para que te des esa oportunidad de ser libre y feliz, de ser TÚ.

No esperes a tenerlo todo para actuar. No sabes por cuanto tiempo estarás en esta vida. Recuerda que, sí se puede, es cuestión de parar a tu mente con sus miedos, que puede que no sean tuyos, sino aprendidos.

La verdad está dentro de ti. Escúchate, ámate y actúa.

Esto ocurrió…

"Tenía 17 años y había ingresado en la universidad para estudiar una carrera que elegí, asesorada por mi padre. No tenía interés en hacerla pero las circunstancias familiares me hicieron aceptar esa propuesta. Así que seguí el proceso de postular a la universidad para ver si me aceptaban y probar mi nivel de preparación. Recuerdo advertir a mi padre de que no lo conseguiría.

El examen se dio y tuve el resultado al día siguiente. Había ingresado para estudiar la carrera de ingeniería electrónica. Yo me preguntaba, "¿y qué relación va a tener esa carrera con lo que realmente quiero estudiar?", que eran ciencias de la salud.

Mi pregunta tuvo la respuesta de mi padre, tratando de buscarme una motivación. Él me dijo, -Esta profesión puede complementar lo que tú deseas realizar. Quizá puedas crear un brazo robótico o alguna parte del cuerpo para ayudar a las personas a recuperar su salud-. Por ese entonces, yo deseaba ser médico y especializarme en pediatría.

Sentí a mi padre que deseaba darme la oportunidad de que estudiara lo que me gustaba, pero se veía presionado económicamente para cumplir con lo que me prometió. Mandarme a la capital a estudiar mi profesión deseada y cumplir con lo que acarreaba el diagnóstico de mi abuelito, requería dinero para tratar un cáncer que le habían diagnosticado recientemente. Mi padre, como hijo mayor de 10 hermanos, asumió el 90% de esa responsabilidad.

Él, viajaba muy seguido con su padre enfermo a la capital, a que le dieran quimio y radioterapia, y en cada viaje los gastos eran elevados, el transporte, la alimentación, el hospedaje y el tratamiento para el cáncer. Mi abuelito no tenía seguro médico, había sido, todo el tiempo, pescador y agricultor. Al cabo de unos meses mi abuelito falleció.

Así que acepté estudiar y descubrir qué traería esa carrera universitaria, confiando en que ya habría tiempo para estudiar lo que me gustaba. El tiempo fue pasando.

En mi segundo año de carrera nos dieron las notas finales y, a pesar de que las materias se complicaban y no eran de mi agrado, tenía la responsabilidad de no quedarme con ningún curso para el siguiente semestre.

Así que me esforzaba mucho, y veía como a otros compañeros míos no les costaba tanto esfuerzo. Cuando, comentando las asignaturas para el siguiente año, mis compañeras (éramos 8 chicas en toda la clase) dijeron que el siguiente curso entraríamos a desarmar ordenadores y hablaron de los "chips", algo en lo más profundo de mi ser hizo un "corto circuito", aquí recordé que había avanzado bastante y estaba invicta hasta el momento, es decir, tenía todas las materias aprobadas pero… esa no era la profesión que yo quería desempeñar en la vida.

Algo muy feo comenzó a aparecer en mi cuerpo, mi sonrisa se esfumó. Recordé las palabras que le dije a mi padre cuando acepté postular. Entonces, pasé unos días pensando en qué sería de mi futuro. Temía la reacción de mis padres al decirles que no deseaba seguir con esa carrera profesional.

Fue entonces, que llegó un comunicado a mis manos. La secretaría de la universidad notificaba que para el siguiente curso se abrirían nuevas carreras profesionales. Para ese entonces, solo había ingenierías y arquitectura.

Las nuevas carreras ofertadas eran de ciencias de la salud, de matrona, de enfermería, de magisterio y de derecho. Cuando esa información llegó a mis manos, pensé que a mí siempre me habían gustado los niños, yo quería haber ido a estudiar a una universidad de la capital medicina y especializarme en pediatría, por lo que no me disgustaba poder estudiar algo relacionado con los bebés.

Después de pensarlo, se lo comenté a una gran amiga, que ya estaba estudiando medicina pero en la universidad pública de mi ciudad. Ella me alentó a que hiciera mi traslado para estudiar la carrera de matrona (en mi país obstetriz). Así, averigüé todos los trámites que tenía que hacer y me informé bien de lo que sería un traslado de carrera.

Con todas esas respuestas, ahora venía la prueba más difícil. Hablarles a mis padres de la decisión que había tomado. Recuerdo haber pedido, varias noches, fuerza y ayuda al que todo lo puede, para que me dejasen seguir con algo relacionado con lo que siempre quise. Ayudar a sanar a las personas, aunque en este caso serían mujeres y sus bebés.

El gran día llegó. Fue una noche, después de cenar que les pedí a mis padres hablar con ellos. Empecé la conversación poniéndoles al corriente de mis notas de fin de curso. Luego les comenté los contenidos que venían para el siguiente año, y les expliqué que yo no me veía desarmando ordenadores, ni reparando ni instalando circuitos electrónicos. Les pedí que me dejaran cambiarme de carrera y que me siguieran apoyando porque, aunque no era medicina, deseaba quedarme a intentar ver si esa carrera me gustaba.

Les recordé que había aceptado el reto de averiguar cómo era ingeniería electrónica y mis ganas de intentar terminar la carrera, pero como no era lo que deseaba, no sentía atracción por ella, no desaba terminar algo que no me hacía feliz.

Se miraron entre ellos, se quedaron desconcertados, pero les dije -He averiguado que sí que puedo trasladarme y empezar al semestre siguiente, ya con mi nueva carrera profesional-. Ellos, desconcertados, no se opusieron a mi petición, se miraron y me dijeron, -Muy bien, cuenta con nosotros para continuar con tu nueva carrera-.

Cuando ellos me dieron el sí, se lo comuniqué a mis compañeros de clase, realmente a mis grandes amigos. Recuerdo claramente que uno de ellos me dijo, -¿Estás segura de que quieres cambiar de carrera? Pero si estás invicta, has aprobado todas las asignaturas, ¡quédate!- Yo le respondí, -Si fuera por el cariño que recibo de ustedes nunca me cambiaría, pero debo estudiar lo que me gusta. Aunque cambie de profesión, sé que nos seguiremos viendo y el cariño no se perderá-.

Reflexión…

Cuando se es joven, a veces, se toman decisiones por la presión familiar o porque nuestros miedos son superiores a nuestro verdadero deseo y puede ocurrir que aceptemos vivir una vida que no es la nuestra.

Si te has visto reflejad@, a través de esta experiencia, en alguna situación que quizá llevas aun contigo y que no te hace ser tú y no te permite ser o estar feliz con lo que has elegido, empieza por reconocerla.

Ahora te toca mirar a tu alrededor y ver con qué herramientas cuentas para hacerte más decidid@ y valiente. Y actuar en correspondencia con tu anhelo del corazón.

> **Todo el universo te ayudará, se pondrá de tu parte para que lo alcances y lo disfrutes. Pero tienes que hacer tu parte, tienes que actuar.**
> **Jeanette**

ERES VALIENTE

Aprendes a aceptar que eres valiente, aún sin proponerte serlo, pero es inevitable que lo reconozcas cuando ves que has avanzado y aceptado que estabas siendo probad@ por el camino, donde solo hay un fin; que despiertes para ver, aceptar y reconocer como tuyos tus valores y tus virtudes, que hasta ahora desconocías.

Pero cuando escuchas la voz de tu corazón, de tu alma, y activas tu razón de ser para continuar tu camino, ocurre la magia.

Siempre que te reconcilies con tu creador, con la energía universal, serás guiado por tu fe.

Las experiencias, las situaciones, las personas…, son piezas importantes para avanzar.

Todo aparecerá, todo te encontrará, se dirigirá hacia ti y te llegará cuando lo necesites. Porque tú y Él sois uno; y Él conoce mejor que nadie tus sueños y tus necesidades.

Constantemente creas tu identidad, no eres simplemente tu nombre, ni tu apellido, ni tu aspecto físico, eres más que tu condición económica y tu situación sentimental.

> *Eres un ser único e irremplazable.*
> **Jeanette**

HAZ UNA PETICIÓN ESPECIAL

Te dejo esta oración para que la tengas en cuenta en cualquier momento de tu día, a cualquier hora y en cualquier lugar. Solo necesitas tener fe, creyendo que todo te será concedido en nombre del que todo lo puede.

"Fuerza creadora, divinidad que rige todo el universo, energía sanadora, Dios de misericordia (puedes mencionar la fuente en la que tus creas). Hoy pido tu ayuda, he recordado esto (pensar la situación que me preocupa, que no consigo olvidar o me trae intranquilidad y/o cualquier otro sentimiento no deseado). Y me he dado cuenta de que no supe reaccionar mejor; ahora lo reconozco y pido tu perdón porque deseo sanar este dolor de mi alma, este sufrimiento que todavía me acompaña y que impide sacar la felicidad que llevo en un rincón de mi corazón, postergada por mi falta de tiempo para mí y mi falta de claridad.

Gracias por tu bondad, porque he sentido que ya todo está en tus manos, que ahora pondrás los medios para manifestar lo que ya es. En tí confío.

Gracias, gracias, gracias".

TEN LA CERTEZA DE QUE SERÁS FELIZ

Hoy puedo decir que, cuando era una niña, mis padres me dieron una buena instrucción y me educaron con valores sólidos, me enseñaron con su ejemplo y crecí en un ambiente de amor y protección. Sin embargo, había entendido (nadie me lo dijo) que, para ser considerada educada y buena tenía que agradar a todo el mundo, eso significaba decir que sí a todas las personas, a no refutar lo que me ofrecían, sobre todo en presencia de mis familiares y, de esta manera, yo recibiría buen trato y aceptación de las personas que llegaban a mí.

Si bien es cierto, muchas de las cosas que viví de niña me lo confirmaron, pues estuve rodeada de personas amorosas y respetuosas que me reforzaron esa creencia.

Sin embargo, cuando fui creciendo la vida me enseñó que con mi buena educación y mis buenas costumbres no podía cambiar las actitudes negativas, hostiles o que me hacían daño de las personas que llegaban a mí. No entendía por qué lo que había experimentado siempre, ahora no funcionaba.

Mi creencia de que si era buena, las otras personas me iban a corresponder con bondad o de que si no era tan clara la respuesta que recibía de la otra parte, esforzándome emocional o físicamente conseguiría que las personas cambiaran a mi favor, no se llegó a dar. Pero me costó dolor darme cuenta de esa realidad.

Mi creencia era que la realidad se creaba en función de dar y recibir en igualdad de condiciones con las personas que me socializaba.

Pero, más adelante, comprobé que esa no era la realidad. La vida me ayudó, con mis experiencias, a que mirara la importancia de transformar lo que yo consideraba que era una verdad.

Entonces pude entender que lo que se crea a tu alrededor no depende de ti en su totalidad, que no se deben pasar malos momentos creyéndote responsable de las actitudes de los demás, porque ya se tiene bastante con aprender a conocernos y modificarnos a nosotros mismos.

Aunque en la vida las realidades se crean con las acciones de todos los que actúan en una determinada circunstancia o escenario, cada uno tiene el poder sobre sus propias acciones, y reacciones.

No está en nada ni nadie externo a ti, esa responsabilidad o ese poder. Cada uno crea sus resultados, no es cuestión de nadie más. Todo ocurre para ayudarte a avanzar.

La felicidad o el estar feliz solo depende de ti, depende exclusivamente de la forma como te tomas las cosas y de las decisiones que asumas, de saber clasificar lo que deseas tener cerca para motivarte y lo que no deseas mantener en ti o contigo.

Somos nosotros, cada ser humano con su sinceridad interior, quien decide escucharse porque siente que es el momento de cambiar lo anterior por algo que aleje el sufrimiento; es entonces cuando debes empezar a actuar.

Empieza acercándote o manteniendo la distancia con las personas de tu alrededor que sientas que no vibran como tú, puede que sean tus familiares o personas a las que quieres, pero has comprobado que lo que te dicen no es enriquecedor.

No te preocupes por explicar lo que estás aprendiendo y empezando a practicar; será con tus acciones con las que ellos se puedan sentir inquietos por ser como tú o que no decidan cambiar y entonces te critiquen o juzguen.

A pesar de esto, sigue hacia tu objetivo, recuerda que ya has tenido bastante y deseas pasar de sufrimiento, penas y lágrimas.

Empieza ya tu cambio, busca personas que sientas que contribuirán a tu búsqueda interior para sacar lo mejor de ti y disfrutar de esas ganas inmensas que tienes en tu interior de ser amor, claridad y calma.

> **Pierde el miedo a ser feliz. Tu vida solo tiene un objetivo, que la vivas en un estado de apertura de consciencia. Te mereces ser tú. Y el universo necesita de ti para mantener su armonía.**
> **Jeanette**

MI PRIMERA HISTORIA DE AMOR

Había conocido el amor verdadero pero lo dejé ir. Muchos años más tarde, interpreté que fui yo la que no lo supo cuidar, y esa pena, esa culpa me acompañó muchos años de mi vida.

Hoy sé que no solo era mi trabajo, era de ambos, pero no estuve despierta para liberarme de ese sentimiento que, a pesar de vivir nuevas experiencias, siempre estaba presente en mis pensamientos y mis palabras, pero me conformaba repitiéndome, *"por algo suceden las cosas"*. Pero repetir sin ver qué es eso, ni para qué me sucedió, no me permitió cambiar nada.

La vida me ayudó a entender que los moldes, los ideales y las creencias sobre el tema del amor de pareja no son rígidos, que pude escoger, mirar y decidir cuál sí se adaptaba a mi realidad y no dejarme llevar por lo que me habían enseñado y era lo que se tenía que hacer, porque a ell@s les había funcionado y deseaban protegerme.

Hoy reconozco que el cariño de mi entorno social y familiar me confundió, pero estaba en mí, el saber elegir, y sin enfrentamientos, solo con el amor de hija, debería haber demostrado que hay realidades nuevas que funcionan y hacen felices a los integrantes de una nueva familia.

Aunque tenía más de veinte años, cuando me enamoré por primera vez, era una novata y poco arriesgada a salir de lo conocido acerca del significado del amor de pareja, el amor inocente y respetuoso que si no sabes cuidar, alimentar y enriquecer se termina extinguiendo, desapareciendo, dejando heridas de sufrimiento en el corazón de los enamorados.

En esa época, tomé decisiones equivocadas, apresuradas, basadas en los miedos de otras personas muy cercanas, en relatos de mi familia… Cuando vi lo que había dejado ir, esperé que viniera a por mí como si se tratase de un príncipe que va luchando por reconquistar a su amada, pero eso no fue nunca así.

Había escuchado muchas historias de cuento, con finales felices, solo que en mi vida y en muchas vidas reales, eso no va así, las princesas son guerreras y valientes, no son dependientes del "qué dirán" de la gente, ni se paralizan por la actitud del otro.

Muchas veces las historias siguen existiendo en nuestras mentes y su aflicción nos asalta ante nuevas posibilidades de volver a experimentarlas. Pero, ¿qué hay detrás de todo?, ¿por qué tienen que volver a repetirse? o mejor dicho ¿para qué ocurren nuevamente?

Déjame decirte, querid@ alma despierta, que vuelven para recibir tu cariño, tu aceptación y tu perdón.

La respuesta debería ser **no dilatar** más **el tiempo**, pensando que el no pensar en lo que te está incomodando se va resolver con dejarlo pasar, con evitar tratar el tema, no querer hablarte a ti mism@ de él.

Todo lo contario, si lo dejas pasar pero tú no le has mirado, no te has despedido de ese sentimiento sino que, por el contrario, le dejas la puerta entre abierta como para mirarle cuando te apetezca, como si controlaras sus movimientos, volverás a sentir ese dolor almático, ese sufrimiento se volverá hacer presente, está disponible para ti, vendrá cada vez que le des fuerza, es decir, vendrá cuando empieces a rememorarlo, a recordarlo. Es energía y tú eres la fuerza que lo atrae, eres un imán que atraes todas las situaciones necesarias según tus necesidades de aprendizaje, solo que no estas despiert@ para entender el lenguaje de las señales en el universo o en tu cuerpo.

Es tiempo de pararte en tu dolor y mirarlo…sin juicios. Solo quédate en paz porque actuaste y no te quedaste con esa interrogante **¿y si hubiese hecho tal o cuál cosa?** Actúa, no dejes que esa pregunta te acompañe toda la vida.

Empieza a resolver tus asuntos pendientes contigo mism@, empieza como tú quieras tu despertar, pero ¡ya!, es ahora el momento de hacerlo.

Jeanette

¿QUÉ PESO QUIERES LLEVAR EN TU VIDA?

Como seres humanos que somos, nuestro cuerpo tiene una masa y un peso determinado, pero ya sabemos que no sólo somos cuerpo, también somos alma, mente y espíritu (energía).

A medida que nos desarrollamos y nos hacemos mayores, nuestra mente y nuestros pensamientos han fabricado imágenes y recuerdos que sumados a los que traemos como información transgeneracional en nuestras células nos dan un determinado peso, una determinada carga-equipaje, la cual no es cuantificable de la misma manera a como se hace para nuestro cuerpo físico-material.

Este peso no admite medición numérica, es sutil y solo se manifiesta por reacciones y estados emocionales que son captados por la percepción.

La forma en la que te tomes las cosas y las decisiones que realices como consecuencia de tu percepción van a determinar lo pesado o ligero que vayas por la vida.

Tú puedes permitirte tomar decisiones desde la tranquilidad y la confianza o por el contrario desde la duda, la disconformidad y la queja.

No escojas tus respuestas poniendo como responsable al destino, a la suerte o a la circunstancias. Si lo haces, verás que dependes de cualquier factor externo y te negarás la posibilidad de revertir cualquier situación por más simple que sea.

Aquí, tienes una experiencia que te ayudará a entender mejor lo que te he comentado anteriormente.

Cuando llegué a Madrid, hace 19 años, nunca imaginé que lo haría para quedarme a vivir hasta el día de hoy, pero la vida se encargó de mostrarme que tenía otros planes para mí.

El primer año de mi estancia fue un año de constantes pruebas, me cuestioné si había decidido bien en emigrar, veía que todo lo que había planificado se caía en pedazos. Mi idea de que volvería al cabo de un par de años a casarme con la persona que consideraba era la adecuada y que regresaría en ese tiempo con mi Máster terminado para continuar con mi objetivo anhelado…, no se cumplió.

El tiempo corría y yo solo deseaba tener mi documentación en regla, había llegado de forma legal, pero los trámites para tener el documento nacional de identidad era impreciso. Empecé a desesperar, a dudar de mi decisión. Había dejado mi trabajo, mi familia y mi futuro esposo por algo indeterminado en el tiempo, ¿habría decidido bien?

Entonces empecé a llenarme de dudas y de incongruencias. La nostalgia y la frustración de no controlar las nuevas situaciones me hicieron ver que cada día cargaba más decepción e impaciencia y no sabía cómo dejar esos sueños rotos en el contenedor. Mi mente traía los recuerdos de mis últimos días junto a mis padres, junto a esa persona especial, recordaba el pacto que habíamos hecho, que yo regresaría a los dos años. Al cabo de unos meses cuando los trámites empezaron a seguir su curso, recibí la noticia, él se había casado y me lo había dado a conocer de su propia voz en un mensaje que dejó en el buzón del contestador.

Afligida, y creyendo que la solución era continuar toda la vida aquí y no mirar atrás para no hacerme daño, intenté calmar mi llanto y pedir ayuda, pero una ayuda superior, no humana.

Aunque tenía el apoyo de mi hermana, quien conociendo mi tristeza me alentó a seguir buscando trabajo y a pensar que tendría que mirar la posibilidad de no regresar para quedarme en mi país, sino solo ir de visita y que debería empezar a mirar más cosas en este nuevo mundo. Pero algo, dentro de mí se resistía a volver a rearmar mis sueños.

Sin embargo como bien dicen, el tiempo lo cura todo, no me quedó otra cosa que seguir el curso de la vida, no podía seguir llorando y anhelando algo que ya no podía ser. Seguí mi búsqueda para encontrar un trabajo mejor, ya que el dinero que traje se iba acabando, y aunque tenía techo y comida, no dejaba de sentir que tenía que retribuir a mi hermana aquí, a mi tía Blanquita y a mis padres en mi país por todo el esfuerzo y ayuda que siempre me brindaron. Pero, aunque tenía la mirada en seguir avanzando, había muchos días en los que retornaba la pena y la queja.

Casi al mes de mi llegada, empecé a trabajar en una residencia privada, donde agradecida por conseguir trabajo, no pregunté bien las condiciones económicas y al preguntar por la firma de mi contrato, me enteré de que me tenían a prueba 15 días y esos días no recibiría el sueldo oficial. Contrariada por el esfuerzo que significaba para mí levantarme a las 5 de la mañana para ir a trabajar y regresar a casa a las 11 de la noche con muchas ampollas en los pies por el calzado, que no era el adecuado, algunas veces sin comer, ni parar en los descansos reglamentarios, ya que me dejaban sola con toda una planta de personas mayores. Me dejé asesorar por mi hermana y renuncié a continuar allí; de ese modo continuaría buscando una mejor oferta de trabajo.

Preocupada por volver a trabajar, había pensado en irme a recolectar fruta en sitios donde necesitaban gente. Pero justo cuando estaba preparando mis cosas para irme, recibí una llamada. Era la amiga de mi primo y comentaba que necesitaban a una persona para hacer tareas domésticas en una casa por horas. Mi respuesta de aceptación fue inmediata, deshice el plan de recolectora de fruta y acepté la oferta.

Así empecé en esa casa, donde la dueña era una señora divorciada que me brindó cariño y confianza, y me alentó a presentar mi currículum en clínicas y hospitales privados, y también me recomendó homologar mi título porque me dijo que mi profesión era muy demandada aquí, en España.

Cuando llegó el verano, mi jefa se fue a la playa y en ese tiempo me llamaron de una clínica para trabajar ejerciendo mi profesión. Ya habían llegado, para entonces, los papeles con mi DNI, así que me encontré trabajando en mi campo sanitario y con una jornada laboral completa.

El trabajo hizo que empezará a confiar en quedarme. Al cabo de unos meses reuní dinero y pude regresar a visitar a mis padres por Navidad.

Los días fueron pasando, y mi vida se iba organizando, empecé a ir a un gimnasio para mantenerme en forma y recordar mi rutina habitual, la que hacía en mi ciudad natal.

Estaba en un grupo agradable, había tres hombres en la clase y el resto éramos todas mujeres. Fue allí donde conocí a la persona con quien me casaría. Un hombre amable, divertido, culto, preparado profesionalmente, le sentía un hombre protector, cercano, a pesar de ser 20 años mayor que yo. Al año y poco de conocernos me casé con él.

> **Lo que no dejas ir, lo cargas. Lo que cargas te pesa. Lo que te pesa te hunde. Practica el arte de soltar, perdonar y dejar ir.**
>
> **Anónimo.**

NO HAY MAL QUE POR BIEN NO VENGA

Ya llevaba un par de años viviendo en Madrid y, aunque mis inicios fueron difíciles, me encontraba en un momento de mi vida donde tenía trabajo fijo en una clínica privada en la que, aunque me contrataron por mi titulación conseguida en mi país de origen, me pagaban como el nivel inferior por tener en trámite mi homologación. Aun así, yo estaba agradecida de tener un trabajo que me gustaba.

Posteriormente, conseguí la homologación de mi título de enfermera, también mi doble nacionalidad por cumplir con los requisitos laborales que marcaba la ley, de ser persona económicamente activa con un tiempo mínimo de dos años de estancia.

Por esa época, ya tenía planes de boda con fecha oficial, me casaría con un hombre inteligente, trabajador por el que sentía cariño y admiración. Todo parecía genial, me sentía agradecía por todo lo recibido. Pero cuando regresé a mi trabajo después de mis vacaciones en mi país de origen (Perú), encontré mi carta de despido.

Aunque los jefes no me dieron explicaciones de lo ocurrido, supe, por dos compañeras, que había sido por mi previsto matrimonio, que les venía mal ya que tendrían que darme unos beneficios de días libres y si posteriormente me quedaba embarazada, no les resultaría rentable.

La verdad es que, ante la noticia de mi despido sin una explicación, me quedé sorprendida y entristecida, pero una compañera me informó de que podía acudir a un sindicato y tramitar mi caso por despido improcedente. Así lo hice y fuimos a juicio. El resultado de la justicia no se hizo esperar, la empresa tuvo que indemnizarme por el tiempo trabajado.

Al verme sin trabajo decidí anotarme en el paro, ¿y sabes que sucedió?, que me llamaron para trabajar en la sanidad pública. Ya tenía mi titulación homologada y con mi nacionalidad recién obtenida pude debutar en donde siempre había deseado trabajar, aunque no era dentro de mi especialidad, pero podía hacer de enfermera, lo cual me enorgullecía muchísimo, ya que conocería la forma estandarizada de trabajar en el sistema nacional de salud público español, podría aprender mucho para cumplir uno de mis propósitos por los que había dejado mi país de origen.

Así estuve varios meses, realizando suplencias en hospitales públicos, y así continué trabajando unos años, hasta que decidí conseguir un trabajo que fuera más cercano a mi casa y a mi futuro proyecto de ser madre.

> **Alégrate porque todo lugar es "aquí" y todo momento es "ahora".**
>
> **Buda**

TODO CAE POR SU PROPIO PESO...

Cuando tus comportamientos o acciones no traen bien a los que te rodean, las personas te lo harán saber. Pero cuando no reconoces la responsabilidad de tus acciones, sino que, por el contrario, lanzas tus acciones como respuesta ante lo que tú crees que se merecen, ejerciendo como juez y verdugo, la vida te avisará de que recuperes tu bondad.

Pero si no estás atento, el daño que no reconozcas y hagas a tu prójimo, te llegará multiplicado, todo lo que des te regresará, lo dice Jesús en la biblia y lo dicen otras filosofías espirituales.

Todo cae por su propio peso, viniste limpio, con una naturaleza libre y liviana, pero en tu camino decidiste llevar contigo determinados pesos.

Esos pesos son los lastres que no has dejado ir en tu vida, y ahora comienzan a manifestarse, y es ahí donde debes aprovechar para actuar, soltándolos, para ser tú.

Sé que a muchos, nos cuesta estar dispuestos a dejarlos ir, creemos que todo va de "seguir…perdonar…y seguir…".

La vida, va de soltar y avanzar livian@s, con el requisito de llevar, como equipaje de viaje, paz, fe y esperanza; éstas no pesan, pero no pueden acompañarte si previamente no has aceptado lo más grande, el amor.

Mi vida de casada empezó con mucha ilusión y durante ella tuve muchas oportunidades de aprendizaje, nacieron mis dos niñas y cuando mi niña menor tuvo casi 3 años, mi matrimonio se rompió.

Esto me hizo ver dos cosas: una, que a veces vives y nunca te ves como poseedor de culpas o responsabilidades, sino que lo ves en el resto, lo que te hace creer que vas ligero, sin mirar que vas culpando a todos los demás de tus circunstancias y cargándoles con el peso de tus sentimientos contradictorios.

Y la otra es que, si por el contario, eres consciente de que lo que tienes no te gusta y quieres cambiarlo, empezarás a aflojar las tensiones, las preocupaciones, los miedos y toda aquella carga que no te permitía avanzar.

Es ahí donde tu confianza se despierta y ves que todo se alinea, empiezas a recibir ayuda y tú, cumpliendo tu parte, consigues manifestar lo que eres.

> **Nunca debes perder tu forma de ser, tu esencia, la humildad de tu alma, la voz de tu corazón , el respeto a ti mismo y el valor por la vida.**
>
> **Leo Pavoni**

NO ESCUCHES LOS CUESTIONAMIENTOS
DE QUIÉN NO SE PONE EN TUS ZAPATOS

Cierto día empecé a sentir que había algo en él que todavía no lograba entender y hacía que me confundiera y siguiera manteniendo la esperanza de que cambiara su comportamiento y su trato conmigo.

Cansada del mal ambiente que estaba viviendo con él, decidí irme a pasar unas vacaciones a casa de mis padres. Me fui con mi niña de 15 meses y allí estuvimos durante tres meses de vacaciones, tiempo del que pude disfrutar por una excedencia en mi trabajo para cuidar a mi pequeña.

Él también nos acompañó el último mes de nuestras vacaciones porque tuvo que viajar por trabajo, justamente una empresa de mi ciudad le había contratado por sus servicios. En esos meses, hicimos una pausa a todo lo vivido y fue como empezar de cero y bien. Así fue, que a nuestro regreso me quedé embarazada de mi segunda niña.

Todo iba bien a la vuelta, pero tenía mucho miedo de que volviera todo lo malo otra vez a mi vida, así que hablé con él, y me prometió de rodillas que nada sería igual que antes, me dijo, –Voy a poner todo de mi parte para que el nuevo bebé venga en un buen ambiente-.

El tiempo demostró que eso era un imposible. Mi vida continuó triste e incierta, deseé haberme ido al otro mundo más de una vez, deseaba morirme, sentía que no valía la pena vivir, aún con mi niña en mi vientre deseé irme. Pero me faltaba valentía para consumar ese hecho.

Mi niña mayor era pequeña, tendría año y medio cuando me quedé embarazada, y ya no pensaba en ella, solo temía todo lo mala que podía ser mi vida con un nuevo bebé.

Sentía que no tenía que haber sido madre nunca, y no merecía vivir, por no haberme dado cuenta al escoger bien a mi compañero de vida y padre de mis niñas, él no era quién conocí ni la persona que siempre había deseado tener a mi lado.

Fui buscando ayuda profesional y llegué a una psicóloga privada, que me planteó como solución, fríamente, el divorcio y me dejó la coletilla, -Pero si ya has pasado muchas cosas, ¿por qué te has quedado embarazada otra vez?-, yo me quedé callada, luego le dije, -¿Pero no podríamos hacerle alguna terapia a él, solo para que entienda que hay cosas que no sabe hacer bien?-.

Me sentí cuestionada y otra vez sin recursos, me hubiese gustado que si ella lo tenía tan claro, me hubiese ayudado a poner nombre al cuadro de violencia de género que estaba viviendo pero que yo no acababa de ver.

Eso potenció más, mi sentimiento de culpa y mi creencia de que lo estaba haciendo todo mal. Y que mi vida no tenía sentido seguir viviéndola. Una sola afirmación, sin ponerse en mis zapatos me ayudó a sentirme más sola y perdida.

Mi niña nació, la vida continuó, nunca tuve la valentía para hacer nada y abandonar por mis propios medios este mundo. Pero la vida me enseñó, que tenía que seguir adelante y que ella me ayudaría, porque mi destino final era ser feliz.

Mis niñas crecieron, las cosas fueron a peor y, felizmente, empecé a trabajar. Esto me llevó a tener información real de lo que yo vivía y por fin pude encontrar la ayuda que siempre busqué.

> **Nunca pierdas la esperanza. Las tormentas hacen la gente más fuerte y nunca duran para siempre.**
>
> **Roy T. Bennet**

RESILIENCIA

Esta palabra, que a veces la usamos muy poco, lleva consigo un significado muy potente, es una cualidad donde detalla la capacidad de mantenernos firmes, a pesar de las dificultades, desde una mirada de optimismo.

Quizá ya sepas que la posees, pero si todavía no te detuviste a mirarte con cariño, puede que no te hayas dado cuenta de que también está dentro de ti, y que solo esta esperando que la dejes manifestarse.

Puede que a estas alturas de tu vida, te hayas dado cuenta de que has venido siendo una copia de los paradigmas y actuaciones de las personas que cuidaron de ti, de tus padres, de tu sociedad, de tu cultura…

Pero cuando experimentas sincronicidades o causalidades, entiendes que cuando pides con el corazón y deseas también dar y ayudar, todo se alinea para tu bien.

Quiero que recuerdes que, todo el tiempo, eres escuchado y cuidado por el universo, por un Ser Superior, al que, según tus creencias, le puedes llamar como elijas. Yo le llamo Dios.

No son casualidades, si estás despierto agradecerás por ser amado y ser escuchado, incluso sin pronunciar sonido alguno, porque tus pensamientos son manifestación de tu realidad, así como lo son tus palabras.

Solo ten Fe y sé agradecido por el privilegio que te concede, de ser instrumento de su amor y bondad.

> **Cuando pides desde el corazón y eres agradecido todo te llegará porque formas parte de la bendición divina, del plan universal.**
>
> **Jeanette**

EJERCICIO

Deseo que consigas muchas bendiciones del universo. Escribe aquí en estas líneas algún deseo que te gustaría cumplir. Te pido que detalles bien qué es lo que deseas. Por ejemplo, pedir un viaje o un amor de pareja, no es suficiente. Pero si por ejemplo, pides que llegue a ti mucha paz en tu hogar, en tu trabajo desde ahora, para que con tu actuación de paz contribuyas a liberar de rencores, ofensas a las personas que te rodean, a hacer real cada vez ese círculo más grande. Entonces pronto verás que las situaciones que no van alineadas con tu deseo pasan de largo y todo lo que te llega está relacionado con tu paz interior y la del universo. También puedes pedir por un amor de pareja, escribe bien como deseas que sea, dale detalles al universo y a Dios, no se vale con pedir, "quiero un buen amor que me acompañe toda mi vida", se podría entender como un amor de un familiar, de un amigo y no necesariamente esa persona pueda estar sana física o emocionalmente. ¿Entendido? Ahora ponte a escribir. ¡Manos a la obra!

____

____

____

____

____

____

____

____

Dibuja, o describe como lo prefieras, cómo te ves dentro de este deseo.

¿ ESTÁS A GUSTO O SIMPLEMENTE ESTÁS CONFORME?

No confundas estar a gusto con estar conforme, la diferencia está en la calma y el amor que das y te es devuelto como recompensa, cuando estás alinead@ con tu propósito.

Cada persona y cada situación te traen oportunidades para encontrarte, reconocerte y si lo deseas, para hacer cambios con el fin de disfrutar de ti.

La gran mayoría de personas *simplemente está...* ¿Qué significado tiene esto? Significa que se conforma con lo que se le va presentando en la vida, con lo que le va cayendo o va recibiendo, tanto lo bueno como lo no tan bueno, pero no hace nada para intentar hacer algo que le ayude a crecer en positivo y a conseguir un beneficio mayor en concordancia con el bien de su entorno y del universo.

Pero eso es simple. Cuando no has oído, ni mucho menos sentido en tu piel lo poderoso que eres y te has negado la capacidad de crearte una maravillosa, y apetecible realidad, es lógico que no hagas nada por experimentarlo.

¿Sabes? esta vida está hecha de oportunidades para demostrar lo que llevas dentro, tu esencia, tu poder. No lo que te dijeron que eras o te indicaron que tenías que ser.

Solo es cuestión de confiar en ti, tienes que saber que eres un ser especial, que eres una creación maestra y que puede que todavía no hayas abierto la puerta de tu autoconocimiento, ya sea por temor, miedo o ideas equivocadas sobre ti.

Cuando te miras con bondad y te aceptas, empieza a surgir la magia; así, como lo lees, **magia**.

No me creas si no quieres, solo te pido que lo experimentes, **hazlo,** será una experiencia muy parecida a la de buscar un tesoro.

Imagínate que ya lo encontraste y tienes en frente de tus ojos el cofre del tesoro; puede que el cofre esté lleno de polvo, de tela de arañas, de moho, sería lo normal, ha estado olvidado y perdido esperando ser hallado, por ti, hace muchos años.

Pero si coges un paño limpio y le devuelves la frescura al cofre, le pones aceite a la cerradura y limpias la llave, cuando lo abras podrás encontrar un tesoro maravilloso.

Así sucede contigo, tienes un cuerpo que te sirve para realizar muchas cosas en este plano terrenal, a veces no estás conforme con él, pero si aceptas que lo tienes y puedes hacer cambios en él para sentirte más a gusto contigo, por tu bienestar; entonces verás como el paño limpio de la buena voluntad, la claridad en tu mirada y tu autoaceptación conseguirán que tu actitud sea la llave para que disfrutéis, tú y los tuyos, de las riquezas de tu interior.

"El tesoro de tu interior", ese que llevabas contigo pero no te atrevías a encontrar, quizá, porque nadie cercano a ti te lo mencionó.

¿Pero sabes por qué nadie, quizá, te habló de él? Porque

nadie puede saber todo lo que llevas dentro, quizá a ellos tampoco les dio la vida para saber que también tenían un bello cofre en su interior.

Ahora que ya lo sabes, también sé que reconoces que solo tú tienes la llave y la clave secreta para ir descubriendo todas las joyas que posees. Tú tienes tu propio mapa, y tu propia brújula, pero en tu camino de vida vas a encontrar herramientas que te ayudarán a llegar a ese tesoro y a poder recuperar la fe y la ilusión de ver la riqueza de tu interior ¡pronto!

> **Aprender a mirar esa parte tuya que no sabías que existía, es el secreto de tu redescubrimiento, la razón de tu definición.**
>
> **Jeanette**

PEDÍ Y FUI ESCUCHADA

Mi deseo de empezar una nueva vida se hizo realidad. Llevaba algún tiempo en el que había reconocido que no estaba sola y que tenía un Ser Superior que me cuidaba y me protegía, pero no entendía su lenguaje. Entonces empecé a trabajar en mí, a creer aún sin ver.

Actué con Fe y empecé a recordar cosas que había vivido hace muchos años, en mi infancia, mi adolescencia y mi juventud, que eran las pruebas que me demostraban que he vivido cuidada y protegida por ese Ser Superior.

El secreto estaba en haber pedido ayuda y haber dado siempre mi "Sí" hacia ese cambio, esa situación que no podía resolver y que me superaba.

Deseando cambiar encontré herramientas que me ayudaron a empezar a cambiar desde mi interior. Aquí va una, solo necesitas un lápiz o un bolígrafo.

Te propongo un ejercicio. Escribe, a continuación, alguna situación que te preocupe o que te cause malestar, tristeza, enfado... Algo que no te deje en paz. Escoge la más importante, la más grande o la más reciente.

____

____

____

____

____

____

____

____

____

____

Ahora que la has escrito, te pido que la describas y anotes todo lo que te hizo sentir, todo lo que tu cuerpo sintió, todas las sensaciones que experimentaste. No temas sacar ese recuerdo, si todavía te duele, enfada o angustia es porque lo llevas contigo y es el momento de sanarl@.

Cuando termines de describirla, ve al baño, lávate la cara y bebe un vaso de agua.

Ya es el momento de dejarla ir y no esconderla. Mírala para que se vaya, y confía en que vino para recordarte que había algo pendiente de trabajar en ti, porque tú mereces traer paz a tu vida.

Recuerda que tú eres el/la dueño/a de esa emoción y de tu forma de percibir lo que te sucede constantemente. Tus reacciones dependerán de cómo sientes y reaccionas ante lo que te ocurre. Por eso, tú tienes la manera correcta de sanar y limpiar esos recuerdos de emociones que no te aportan, sino que te restan energía y vitalidad.

Cada uno de nosotros tenemos ese poder, pero muchas veces no lo usamos por desconocimiento o porque hemos vivido en realidades previamente definidas que asumimos que nos pertenecen y que debemos continuar por fidelidad a nuestro clan.

A partir de ahora puedes empezar con las herramientas de tu elección para hacerte responsable de limpiar tus recuerdos o emociones que no te nutren el alma favorablemente.

A continuación, te explico una forma de auto sanación que aprendí y practique para limpiar, soltar y dejar ir sin causar daño a nadie.

Ahora que ya has hecho el ejercicio, poco a poco empezarás a limpiar y a sanar esas memorias pasadas que guardabas en tu subconsciente.

Debes entender que ya no forman parte de tu presente, es parte de tu ayer.

A partir de ahora estás en otro momento, estás en una realidad de cambio.

Este momento es el presente y lo creas a cada instante. No

hay pasado que se haga presente, cada recuerdo del pasado es solo eso, un recuerdo. Siempre tienes *este momento (tu presente)* para crear la realidad que quieras, siempre pensando que *será para tu mayor bien y el de la humanidad.*

Si te hicieron daño o tú interpretaste que la vida, las personas o alguien no ha sido justo contigo, no hagas nada en su contra, no eres un ser vengativo, solo eres un ser creador de realidades. Eres libre de crear y atraer situaciones que te hagan feliz. Si no ha sido así, y tú has dado lo mejor de ti, no te preocupes, solo tienes que estar despierto y sin cargas, ligero de culpas y rencores/enfados. Ése es el requisito que tienes que tener en la vida para ver los regalos que se te darán.

> **Eres importante para el planeta, contigo podremos formar una sociedad y un mundo consciente. Sigue atento. Sigue en el camino.**
>
> **Jeanette**

LAS PERSONAS ACTUAMOS COMO ESPEJOS

Es muy común encontrarte, en esta nueva etapa de tu vida, con algunas personas, a las que tú considerabas tus amig@s, que puede que ahora te critiquen a tus espaldas porque ya no piensas como ell@s, o te juzguen como diferente, y traten de hacerte creer que está bien seguir viviendo de la queja y de la crítica hacia los demás.

Eso no te debe importar, posiblemente estas personas lo aprendieron de sus patrones sociales o familiares. Pero tú estás puest@ en este lugar para cambiarte, para mirar lo que tienes y lo que no deseas perpetuar en ti.

Ahora puedes empezar a ser esa persona segura, exitosa que tienes dentro de ti. Quiérete y acéptate, aunque tengas miedo de lo que tienes que pasar, de lo que tienes que cambiar. Solo debes estar dispuest@ a hacerlo.

Si has llegado hasta aquí, puede que esto te suene incómodo o te digas, "pero si yo estoy feliz como estoy". No te preocupes, si crees que no necesitas ningún cambio, estas palabras solo han sido escritas para aquellas personas que se encuentran en el momento especial, el que llevan anhelando que apareciera en sus vidas para confirmarles algo que no se atrevían a mirar, o que, a pesar de haberlo mirado no sabían cómo empezar.

Te voy a indicar unas herramientas que te van a ayudar en el proceso que empiezas, y que, con la práctica diaria, te permitirán manifestar la paz y la confianza que llevas en ti y que habías olvidado.

> **No te confundas con lo que te dice el mundo que eres, demuestra que eres la sal para el mundo.**
>
> **Jeanette**

¿FELIZ O SATISFECH@?

Entonces, como si algo dentro de mí hubiese estado esperando para propulsarse, sentí una fuerza, que reconociéndola primero como si fuese una pequeña luz en mi vida, fue cogiendo forma e intensidad hasta convertirse en algo grande que me impulsó al cambio.

Esta fuerza me sacó de mi tristeza, de mi pasado, de aquella nostalgia de querer que el pasado regresara, aquel pasado que me hizo feliz. Esta fuerza me despertó en mi presente y empecé a vivirlo y a sentirlo de otra forma.

Escuché lo que mi corazón quería, lo que mi alma y mi cuerpo me decían. ¡Me escuché!

Tenía un gran deseo y una gran verdad. Mi mayor deseo era **VIVIR** lo que me quede de vida, **FELIZ.**

Pero ¿qué es estar feliz? o, ¿qué es la felicidad? Para algunas personas, la felicidad es tener una buena alimentación o comer lo que les apetece, para otras tener una buena casa, un buen coche, un buen cargo en su empresa, tener un trabajo que les de mucho dinero, tener hijos o no tenerlos, tener pareja o no tenerla...

Esto lleva a que muchas veces confundamos la felicidad, o el estar feliz, con el estar satisfecho. Estar satisfecho va con las tareas, con cosas que tienen que ver con programación, con objetivos, con metas, con responsabilidades y que pueden ser, luego, medibles. Ésto también te puede llevar a la felicidad, a tener una sonrisa o a estar alegre, pero no siempre es así.

En cambio el sentirte feliz, va más allá de los recursos materiales o humanos con los que cuentes. No significa negar que tenerlos nos hace la vida más cómoda. Sino que, tiene que ver con la condición que manifiestas y puedes reflejar en tu cuerpo, sin necesidad de ser cuantificad@ o medid@, simplemente lo deseas porque es inevitable no percibirla.

Va de algo interior que se expresa a través de tu mirada, de tu aire, de tu estado de paz y alegría que sale de ti y expandes a tu entorno.

El estar feliz es un estado que va a generar un aumento de hormonas y neurotransmisores en tu sangre, las que van actuar potenciando que tus tejidos, órganos y sistemas recuperen sus funciones o las potencien. Así de increíble es este estado emocional.

La ciencia va demostrando, cada vez más, como nosotros mismos provocamos ciertas situaciones en nuestro organismo con nuestros estados emocionales. Provocamos que nuestras defensas bajen, que nuestras hormonas se alteren, que nuestros tejidos crezcan de manera no uniforme y/o se regeneren o proliferen de forma adecuada o no.

Está comprobado, también, como una buena alimentación influye en este estado y puede potenciar nuestra vitalidad. Al igual que si añadimos el ejercicio diario, y otras prácticas saludables como te lo indico más adelante el apartado herramientas para reforzar tus poderes.

Cada vez existen más investigaciones científicas que demuestran que existe una relación directa de nuestra mente con nuestro cuerpo, no sólo desde el campo espiritual o metafísico. Lo que demuestra, que cada ser humano es capaz de librarse de enfermedades, cánceres, adicciones, fobias y mantener un cuerpo sano y vital.

> **Empieza a transformar una situación poco agradable en una situación de aprendizaje, empezarás a ver la vida con más apertura, y pronto empezarás a sentirte feliz.**
>
> **Jeanette**

LA VIDA CONTINÚA CONTIGO O SIN TI

El tiempo siempre avanza, muchas veces lo dejas pasar, creyendo que seguirás teniendo la misma oportunidad en igualdad de circunstancias.

Lo cierto es que, aunque vuelvan las oportunidades, ya serás más mayor y el tiempo que tendrás para disfrutar de tu bendición será menor.

Tienes que asumir tus miedos, tus dudas, las inseguridades sobre ti mism@, sobre tu capacidad de actuación, de pensamiento y/o de elección.

Acepta que no estabas preparad@ para ver esa oportunidad de transformación antes, pero que, a partir de hoy, estarás atent@ a tu realidad, estarás despiert@ y te permitirás perdonarte y no dejar escapar un día más de luz.

Ya has pensado bastante, quizá meditado mucho, ya lo has visto claro y has podido oírte. Entonces ahora es el momento de mover tu energía para hacer visible tú deseo.

Lo único que te hace diferente del resto de seres del universo es tu capacidad de actuar.

Ahora que conoces tus dones y tu propósito de vida, tienes que recordar que llevas dentro de ti virtudes que te hacen único, pero tu vida pasará desapercibida en este planeta sino has materializado el propósito por el que viniste a este mundo.

El tiempo es la variable que no podemos controlar, sigue sin nada ni nadie que lo detenga. Debo recordarte que si estás despiert@ y haces tú parte, por el amor que te fue dado de la fuente divina universal, podrás abandonar esta dimensión con la tranquilidad de haber correspondido a crear un lugar de paz desde tu interior, empezando por ti y siendo una referencia para tus seres queridos porque habrás desarrollado tu poder de creación y de gratitud.

Hay unas preguntas que pueden ayudar a motivarte para hacer lo que todavía, por miedo, no has intentado.

EJERCICIO

Vamos hacer un ejercicio. Intenta ponerte en situación. Imagínate **con 80 años de vida.**

Que responderías si te preguntasen, ¿qué le hubiese gustado

hacer a usted y no hizo durante su vida?

Y ahora que todavía no has llegado a esa edad, ¿a qué esperas para hacerlo?, ¿Qué te lo impide ?

Y ¿cómo crees que debes superar esos obstáculos para cumplir los deseos de tu corazón que dependen de ti?

____

____

____

____

____

____

____

____

____

Espero que cuando te llegue la hora real, tu respuesta sea, ***"Lo di todo y aposté con todo para hoy tener la paz que tengo, puedo decir que estoy preparad@ para dejar esta tierra cuando sea llamad@"***.

Pero, ¿qué pasaría si no fuese esa tu respuesta?, sino que tuvieras una lista de cosas pendientes que te hubieran gustado hacer y no hiciste. Sería un poco frustrante, saber que tuviste años y oportunidades para hacerlo pero que el miedo fue tu guía.

Entonces, te propongo una cosa...

Y si, a partir de ahora, escribes tu lista basándote en tu día a día, en lo más cercano que tienes por realizar y para lo que siempre tienes una excusa y terminas por postergar.

¿Qué tal si empiezas ya a dejar de postergar y actúas para que en tu lista, los objetivos a largo plazo cada vez sean más cercanos y los veas cumplidos o te veas satisfech@ de haberlo intentado?

Empieza con cosas pequeñas como leer un libro, escuchar música, dar un paseo a solas por la naturaleza, organiza un menú semanal, cocinar y congelar comidas,... así dedicarás un día o dos a trabajar más y el resto de días serán para disfrutar de tu tiempo, según tus prioridades.

Para ello:

· Empieza cogiendo una agenda y escribiendo en ella lo que tienes pendiente, como cosas obligatorias. Y luego, en tu resumen mensual, ¿qué cosas te gustaría hacer en este mes? Y distribúyelas por semanas. Busca tus días con más huecos libres, y si no hay esos espacios, créalos. Reduce tu rutina, delega tareas a otros miembros de tu familia, o mira a quien puedes pagar para que haga esa tarea.

· Gánale tiempo a tu vida, empieza a sumar momentos de tranquilidad, de disfrute, de cosas agradables.

·Recuerda que la vida es cíclica. Nuestros tejidos, mayormente, son renovables, nuestra piel se renueva cada 2 o 4 semanas, nuestros glóbulos rojos se renuevan en menos de 6 meses, nuestro hígado se renueva por lo menos una vez cada dos años.

Entonces, ¿por qué insistimos en pensar que la vida es un

constante de rutina y resultados marcados? Debemos confiar en nuestra capacidad de cambio.

Te mereces tu cambio, es el momento de pasar del nivel del miedo a un nivel mayor de libertad que te permitirá ser feliz siempre que lo desees, en armonía con tus semejantes.

Quédate con la certeza de que la vida seguirá regalándote las mejores oportunidades para ser virtuos@.

Es tu obligación estar despiert@ para recibir esa bendición. Tus descendientes te lo agradecerán y tus antepasados también.

Hay una frase que dice **"lo mejor está por llegar"**. Si te sirve de ayuda, aférrate a ella como un mantra y repítela en los momentos de debilidad, continúa en tu camino, sigue hacia adelante.

UNA CARTA ESPECIAL

Cierto día, ordenando cosas, encontré algo que escribí hace muchos años, algo que escribí para mi "yo". Una carta para leerla cuando no recordara quién soy. AQUÍ VA:

No tienes porque dudar, eres un ser valioso, eres únic@, tienes virtudes que te hacen diferente y al mismo tiempo, eres una pieza importante en este universo.

Tienes que saber que sin ti, este mundo no sería igual, todos estamos esperando a que nos demuestres tus poderes.

Es momento de que sientas, de que escuches y creas lo que te dice tu corazón, tu consciencia, tu alma, tu gusanito interior.

Está en ti la creación de tu mundo exterior. Eres un ser capaz de crear un presente bueno y compartirlo con tus seres queridos.

Nunca olvides que, la felicidad si existe y la puedes disfrutar y crear cuando tu desees.

Eres un ser importante para este mundo.

EL CUERPO ES UN VEHÍCULO PARA MANIFESTAR NECESIDAD DE SANACIÓN INTERIOR

Hace mucho tiempo que ayudo a personas a resolver problemas de salud. Y descubrí que, muchas veces, vamos demandando atención sanitaria cuando lo que realmente necesitamos es ayuda, no solo en nuestro cuerpo o nuestra mente, sino en nuestra alma.

Pude ver, en aquellas personas que llegaban a mí por molestias físicas, como después de resolverse lo que les aquejaba, seguían acudiendo a la consulta, y el motivo era que habían dado con la causa de ese dolor o ese problema. La causa, siempre, era un conflicto emocional no resuelto.

Muchas veces, realizando algo tan simple como prestarles

atención y escucharles, se permite, no sólo que se sientan comprendid@s sino que aparte de establecer una conexión de sanación y empatía (ponerse en el lugar del otro), se permita que algunas personas también se escuchen y encuentren claridad para, pronto, conseguir calma. Como si la marea de ideas, preocupaciones y angustias cogiera menos ritmo y desacelerara.

Con el paso del tiempo, observé que algunas personas cambiaban y les volvía la luz a sus miradas, sus palabras tenían un sentido más positivo, sus acciones les permitían sonreírle a la vida.

Pero comprobé que no todas lo conseguían a pesar de haber recibido el tiempo y la escucha que cada una necesitaba, y de contar con varias herramientas para conseguir su cambio y estar bien con ell@s mism@s.

Curiosamente, con el tiempo, encontré la prueba, que está escrita en muchos trabajos de investigación. Cada ser humano tiene un tiempo para despertar y el deseo de cambio solo depende de su consciencia, de realmente desear hacerlo; pero lo que sucede es que muchas veces a algunas personas les viene bien seguir en la queja y en el desconcierto, aunque lo hacen de manera inconsciente, para que así su "yo" interior se sienta atendido y los demás le presten atención.

Saber qué es lo que realmente deseamos conseguir es importante para no aumentar nuestra negatividad y contagiarla a las personas que tenemos cerca que no están despiertas.

Algunas personas llegan con el aparente deseo de ayuda, y lo único que hacen es verter un poco de su frustración, queja, ira y desilusión. Las personas de luz intentarán ayudarte, pero tu inconsciente lo que realmente desea es que más personas se contagien de tu queja y te den su afirmación para que te reafirmes en tu necesidad y tu sentimiento de escasez.

Aquí viene la palabra que te define en esa situación, "pobrecill@". Pero si tú lo decides, puedes borrarla y empezar una nueva realidad.

Debes saber que puede que lo lleves dentro de ti y no te hayas dado cuenta hasta ahora. Pero si ya has visto que eres de ese tipo de persona, no te aflijas ni te preocupes.

Tengo una buena noticia para ti. Hoy es el día de tu reinicio, hoy todo empezará a ser diferente.

Si realmente no deseas ser lo que has venido siendo hasta ahora, entonces solo tienes que seguir en tu despertar, empieza a pedir ayuda, todo llega… lo demás está en tus manos, tú marcas tus tiempos y tus acciones para conseguir lo que anhelas.

Es muy importante observarte y ver que cada segundo que tienes es para aprovecharlo en tu bien.

Ahora es tu momento.

Estoy aquí para guiarte a ser un ser pleno, a que estés a

gusto contigo, fuerte en tu pensamiento y libre de culpas.

> **Haz lo que tu corazón te pide, no te confundas con lo que te dice tu mente; tu corazón implora que le prestes atención, hazlo como parte de tu sanación.**
>
> **Jeanette**

NO HAY EXCUSA QUE PUEDA FRENAR TUSGANAS DE SER FELIZ CUANDO LO QUEDESEAS ES MÁS FUERTE QUE TUS MIEDOS

Vi un vídeo que contaba la historia de una joven con una malformación congénita en la que no tenía piernas y fue abandonada, en la puerta de un orfanato, por sus padres biológicos. Ella, desde pequeña, admiraba a una gimnasta olímpica y deseaba parecérsele. Cuando fue adoptada, sus nuevos padres la animaron a cumplir su deseo, y la pusieron a entrenar para alcanzar su sueño. Al cabo de un tiempo, logró convertirse en campeona de acrobacia en los juegos paraolímpicos de su país. Cuando terminé de ver el reportaje confirmé lo poderosas que somos las personas. Pero cuanto miedo llevamos muchas veces encima.

En nuestras vidas, todos hemos tenido situaciones difíciles. La intensidad de esas dificultades son las que nos ayudan a fortalecer lo que somos, márcan un antes y un después, es lo que nos da el poder de ser una persona nueva y fuerte.

> **Muchas veces teniendo todas nuestras capacidades físicas y/o intelectuales en buen estado, vivimos quejándonos o nos aferramos a cualquier excusa para no salir de la cotidianidad que nos protege del miedo a lo desconocido; sin saber que, si das un paso adelante, estarás empezando el camino de tu prosperidad.**
>
> **Jeanette**

Mira tus logros y no mires solo lo que todavía te falta por conseguir. La vida está llena de pequeñas cosas que nos hacen llegar a nuestro objetivo, a nuestra meta.

Solo tienes que estar despiert@, atent@ para **disfrutar de tu camino,** de tu travesía. Finalmente, el gran fin por el que estás aquí y ahora, es reconocerte como una persona auténtica, única, mágica que se merece ser feliz.

Ahora haz el siguiente ejercicio.

EJERCICIO

Escribe en un folio en blanco el siguiente párrafo y pégalo en un lugar visible en tu habitación, repítelo todos los días.

Ahora mírate en un espejo y repite:

Soy una persona única, mágica y valiosa que se acepta y perdona cada día y a cada instante y decide empezar con fe este día.

Seguidamente regálate tu mayor sonrisa.

¡A por todas campeón/a!

II
Manifestando la bondad del universo.

DESCIFRANDO OBSTÁCULOS

Una mañana de abril del año 2018, me desperté como cualquier otro día para ir a trabajar, muy agradecida y feliz. Iba en mi coche escuchando un CD con el tema de mi próxima oposición cuando, de repente, recordé a ese alguien al que había querido mucho pero que ya no podía ser parte de mi presente sentimentalmente por decisión mutua… Entonces respiré y miré al cielo, le dije a mi buen Dios -Ayúdame a empezar una nueva vida-. Yo iba conduciendo por mi carril, sin ningún coche delante de mí y en el carril contrario, los coches iban a una velocidad normal, no había caravana, ni tráfico demasiado fluido… es lo que puedo recordar. Cuando bajé la mirada del cielo, en un abrir y cerrar de ojos, escuché un ruido muy fuerte y luego lo vi todo blanco, me sentí extraña, como si ya no me encontrara en este plano. No sé cuantos minutos pasaron, pero pensé que me encontraba en el cielo, que me había muerto.

De pronto empecé a sentir dolor en la cara y luego miré que había humo blanco a mi alrededor, vi que algo le había pasado a mi coche; me había quedado parada en la carretera, vi humo saliendo del motor, giré la cabeza y vi pasar a los coches del carril contrario que me miraban con cara de susto.

Entonces miré a mí alrededor y quise levantarme del asiento, pero no pude, me dolía la cabeza, llevaba una pinza en el lado derecho de la cabeza sujetándome el pelo y sentí que se me había clavado.

Pude soltarme el cinturón que me apretaba fuertemente. Fue allí donde me di cuenta de que el humo blanco era del airbag que se había roto.

Empecé a sentir un líquido caliente que me salía por la nariz y esta me dolía mucho. De pronto, vi un coche de color oscuro que me adelantó y estacionó a unos 100 m de mi coche, bajó un hombre de aproximadamente unos 35-45 años y se acercó a preguntarme si me encontraba bien. Yo no podía hablar, le dije - No - con mi mano, me hizo más preguntas las que luego pude ir respondiendo. Le dije el nombre del lugar donde trabajaba y mi nombre, él se encargó de llamar a mi trabajo, también le di el único número de teléfono del que me acordaba, el de mi ex marido para que recogiera a mis niñas del colegio.

Empecé a sentir frío, vi que mi mano izquierda tenía, en el dorso, muchos cristalitos pequeños clavados, empecé a sentir más dolores en el cuerpo, me parecía que había recibido un gran golpe en las dos rodillas como si me las hubieran querido partir por la mitad y me comenzó a doler mucho el pie izquierdo. Sentí dolor en los huesos de las caderas, sentía como este dolor me recorría toda la pelvis y de repente sentí una fuerte presión en las costillas. Pensé en mis niñas y sentí miedo.

Creo que este buen hombre fue un ángel, pudo notar mi miedo en mis ojos y empezó a tranquilizarme diciéndome, -Ya viene la ambulancia- De repente, llegó la policía y le pidió que se retirara, cuando él se acercó a decirme que no me preocupara que todo iba ir bien y que también vendrían los bomberos, le pedí me dijera su nombre, y le dije -Gracias, muchas gracias-. Cuando Hugo se fue, empezó el proceso de sacarme del coche, lo intentaron los de la ambulancia pero finalmente lo consiguieron los bomberos, me envolvieron en una camilla algo especial, porque era térmica, yo tiritaba de frío y la camilla tenía como una especie de membranas que se cerraban y me daban calor. No podía girar el cuello, me habían puesto un collarín y el personal sanitario del SAMUR me subió al interior de la ambulancia con mucho cuidado.

Dentro, me fueron limpiando, con gran delicadeza, los cristales pequeños que tenía en el lado izquierdo de la cara. Me pusieron suero en un brazo y me preguntaron si quería un calmante, les dije que era alérgica y que podía soportarlo, que no me hacía falta, (creo que del golpe no era consciente de que me estaba doliendo lo que anteriormente les he descrito), así que no me pusieron nada y se miraron entre ellos, pero al ponerse en marcha la ambulancia, sentía hasta el mínimo desnivel de la carretera.

Comencé a sentir como hablaba mi cuerpo, así que cambié de opinión y pedí el calmante. Con algo de menos dolor, llegué al hospital y nada más llegar por urgencias, entré tan rápido que me cortaron la ropa para monitorizarme. Me inyectaron contraste por la vena para ver si tenía algún órgano interno dañado, luego me llevaron a hacer una radiografía del pie. Me dejaron en observación varias horas y me fueron poniendo morfina y vigilando mi tensión.

Llegó la policía para hacerme el control de alcoholemia y drogas, y a ellos les pude preguntar algo más de lo que me habían descrito el personal de la ambulancia. Me confirmaron que un varón, de aparentemente 25-30 años, se había salido de su carril y me había dado, pero no dijeron más.

Yo apenas podía hablar estaba adolorida, asustada y expectante por los resultados de las pruebas del hospital.

A media tarde, vinieron los médicos: traumatólogo, otorrino y médico internista y me dijeron que no tenía nada roto, que la nariz no se podía ver claramente pero que me la escayolaban. Igualmente me escayolaban la pierna porque tenía un gran esguince en el tobillo izquierdo.

Me dijeron, riéndose, -Alguien no quiere que te vayas todavía, debes de tener alguien que te protege allí arriba, para el golpe que has recibido has tenido mucha suerte de estar viva-.

Sonreí y luego me puse a llorar, tenía una mezcla de sentimientos. Pensé en lo que le había pedido a Dios antes del accidente y en todo lo que me estaban diciendo, de las pruebas, en el hospital. Me pregunté, "¿cuál será la misión que quiere Dios que cumpla? Pensé en mis niñas, pensé que, aunque no entendiera el para qué de esta situación, lo único que sí sabía era que podría disfrutar de mis niñas más tiempo y cumplir mi deseo de ser su apoyo emocional y espiritual, no solo físico o económico.

Me dieron el alta ese mismo día y aunque al irme sentía mucho dolor, realmente no verificaron nada roto para quedarme, el solo hecho de ponerme de pie e intentar moverme hacía que deseara quedarme inmóvil.

No me dieron muletas, ni yo tampoco reaccioné a pedirlas, fui en silla de ruedas hasta el coche del familiar que me recogió en el hospital y me llevó a casa. Cuando bajé del coche, al subir las escaleras para tomar el ascensor hacia mi casa, pude comprender como realmente se encontraba mi cuerpo.

No aceptaba un solo dedo encima, no soportaba la presión de un brazo sujetándome las costillas para ayudarme a andar, cualquier vibración en mi cuerpo hacía que me doliera todo, incluido mi cuero cabelludo. Sentía muchísimo dolor en el pie izquierdo, mi cara era como una caja de resonancia. Era increíble descubrir que las escaleras del garaje de casa al ascensor, que subía y bajaba todos los días rápidamente en 5 segundos, esta vez, me costaban sudor y lágrimas.

A la semana del accidente, regresé al hospital para que me retiraran la escayola de la nariz y pasé por urgencias de traumatología porque me dolía demasiado el pie desde los dos días anteriores a la cita, pero esperé a la fecha que me había dado el otorrino, ya que ir al hospital me suponía mucho dolor por tener que moverme y el movimiento del coche me resultaba muy doloroso.

En urgencias me quitaron la escayola de la pierna y me mandaron una prueba para ver si tenía una complicación del uso de la escayola en el pie. Según me dijeron, tenía que ir con el volante que me habían dado al solicitarla en el sótano del hospital. Así que fui pensando que la prueba me la realizarían en ese momento. Pero mi sorpresa fue que, al llegar allí, me dijeron que tenían que avisarme para darme una cita, porque para los contrastes, al ser radioactivos, no tenían bancos donde guardarlos sino que los pedían por número de pacientes y peso de cada persona. En ese momento la persona que me atendió dudó y me dijo, -Espera, voy a consultar si ha faltado alguno-, cuando volvió a salir me dijo, -Has tenido suerte, ha llamado una señora que no puede venir- Yo pensé, "Gracias Dios mío. Esto no es una casualidad, esto es una sincronicidad."

En esa prueba vieron algo, porque el médico me mencionó fractura, y yo respondí muy sorprendida, -¡No, yo no tengo fractura!-. Me dijo -Los informes los verá tu traumatólogo en urgencias, de dónde vienes-. Yo me quedé algo intranquila pero me negaba a pensar en ese diagnóstico.

Así que regresé en silla de ruedas, ayudada por mi familiar, a urgencias y me volvió a ver el mismo médico joven que me había mandado la prueba, "residente" ponía en su credencial. No me dijo nada nuevo, solo me recomendó seguir sin nada en el pie y acudir a mi traumatólogo. Tampoco me dio cita para una consulta con algún traumatólogo del hospital.

Ya en casa, empecé a tramitar mi seguimiento con los médicos de la mutua del coche, ellos me realizaron resonancias nuevas del pie izquierdo, de la cabeza, la rodilla y el hombro, izquierdos. Todo confirmaba que era el resultado del fuerte impacto y que mi pie tenía un gran hematoma en la parte interna del hueso del tobillo izquierdo y por eso estaba del mismo ancho que mi muslo y de un morado muy oscuro.

El traumatólogo de la mutua me mandó a rehabilitación, pero en la tercera o quinta cita del control me diagnosticó un síndrome que implicaba haber perdido fuerza muscular y que su pronóstico era de falta de funcionabilidad muscular y sanguínea en el pie. Puso cara de preocupación, pues el tobillo seguía muy hinchado y morado y el dolor había disminuido muy poco (aunque la verdad, yo no me quejaba en casa). Cuando fui al fisioterapeuta con este diagnóstico no me explicó mucho lo que era pero puso la misma cara de preocupación. Lo que sí noté, fue más empeño en darme el masaje en el pie. Pero cada vez que masajeaba mi tobillo sentía un dolor muy intenso que me hacía llorar, sentía como si algo se me clavara. Posteriormente, cuando me indicó que anduviera sin muletas en el gimnasio de la clínica, tenía la sensación de tener un clavo en el talón. Se lo comenté y me dijo que quizá era un espolón que tenía y ahora con el accidente se me hubiese reactivado.

Continúe mis sesiones y controles hasta que, después de casi 60 sesiones repartidas entre cervicales y pie, una doctora consideró darme el alta aunque todavía tuviera mareos, el tobillo hinchado y no restableciera mi fuerza muscular en la pierna para conseguir andar sin muletas.

Su diagnóstico fue el de alta con secuelas. Me quedé nuevamente sorprendida, como sintiendo que evolucionaba pero muy lento. No me dejaban terminar de recuperarme. Era mediados de agosto y creo que las vacaciones les hicieron adelantar mi alta. Pero me negué a creer ese diagnóstico de "secuelas" y comencé a buscar fisioterapeutas privados para volver a estar como antes de mi accidente y si fuese el caso quedar mejor.

Así fue que una médica rehabilitadora, viendo todas mis resonancias e informes anteriores, me dijo que todo era cuestión de tiempo con respecto a mi pie y que debía caminar, caminar y caminar, así las molestias y mis mareos en el cuello se irían con el tiempo. Me pautó cita con rehabilitación para que me enseñaran ejercicios de rehabilitación y me dejó claro que el proceso era ese. Así que yo, deseando querer estar recuperada, empecé a andar más distancias, y fue allí donde mi pie, al segundo día de caminata de 1 hora continuada por superficie llana, empeoró con mucho dolor, inmovilidad y enrojecimiento. Al día siguiente fui a urgencias del hospital y tuve la suerte de que me atendió el mismo traumatólogo que me había puesto la escayola el día del accidente. Le hice referencia a ese día, se acordó de mí y me dijo, -Se te ve mejor-, me mandó a que me realizaran una radiografía y al examinarme puso cara de duda. En el resultado algo le parecía que iba mal y me mandó una resonancia preferente, tan preferente que, habiendo una lista de espera de 6 meses, me llamaron a los 3 días y me la hicieron. Ya estábamos por setiembre, habían pasado 5 meses del accidente, los resultados tardaron solo una semana.

Tenía dos fracturas en el pie a consecuencia del accidente

pero ya estaban soldadas, y era justo donde yo sentía esos pinchazos en el mismo tobillo. Tenía una pequeña astilla de hueso que había saltado del impacto en el tobillo. La resonancia, también confirmó que tenía ese síndrome raro que yo nunca acepté, lo mostraba la imagen. Pero lo curioso es, que cuando el traumatólogo del centro de especialidades valoró mi tobillo me dijo, -Pero está muy bien tu pie, de aspecto, para lo que dice la imagen. Tienes el grado más bajo-.

En ese momento agradecí a mi Dios, que había permitido que se manifestase lo que le pedía a diario, "Cada día mejoro más y más y más". Confirmando, una vez más, que si se cree se logra ver.

Empecé mi rehabilitación con un osteópata privado y después de un mes de tratarme me dijo, -Aunque has tenido un pronóstico muy malo y realmente tu pie estaba en condiciones difíciles, ahora te puedo decir que vas a recuperarte al cien por cien.

> **En la adversidad comprendes la bondad del universo, la bondad de tu fuente, de la gracia divina, de Dios. Ratificas el poder que tienes de creación y de transformación de la energía que llevas dentro de ti. Redescubres el poder que tienes de crear tu presente.**
> **Jeanette**

MEJOR SIN JUICIOS NI CRÍTICAS

Ella era una madre, separada, con dos niños, viviendo en casa de sus padres después de que su pareja abandonara la relación. Tenía 22 años, uno de los niños tenía 2 años y el otro 10 meses. Nos conocimos mientras esperábamos el bus. Su pequeño me miró y me sonrió, yo le correspondí y le hice gestos cariñosos. Entonces su madre me sonrió y empezamos a conversar. Estábamos solas en la parada, era un domingo temprano.

Ella se iba a urgencias con el niño, al hospital de la localidad porque no mejoraba su proceso respiratorio. Entonces empezó a contarme que tenía otro pequeño que se había quedado con su madre y que su ex no se hacía responsable del cuidado ni de la manutención de los niños. Pero iba a verlos y el niño mayor ya decía que no quería irse con él.

Sentí su rencor hacia su ex. Sentí su cansancio y su agobio cuando me decía que deseaba que crecieran rápido. Entonces le dije, -Te diré lo que me decían y he comprobado, "niños grandes problemas grandes"-. Ella me respondió, -Pero será diferente, ya no dependerán de mí para todo-.

Entonces recordé los episodios que viví al criar a mis niñas cuando eran pequeñas, el ambiente que vivía con su padre. Me vi como ella, pensaba que todo venía de afuera, pero yo no hacía mi parte. Quizá el cansancio, la ira y el rencor no le dejaban pensar a aquella joven. Le pedí permiso para contarle algo que a mí me funcionó al criar a mis niñas, ella me lo dio. Le pedí que mirara de entregar todo lo mejor de ella a sus niños y que dejara lo demás en manos del universo y la justicia divina. Ella me escuchó atenta y guardó silencio. Vino el bus y nos despedimos.

Cuantas miles de historias de mujeres hay en el mundo hoy, que habiendo arriesgado todo por amor, no recibieron lo que esperaban, lloraron, se enfurecieron y renegaron de su situación y algunas decidieron quedarse en la culpa y en el por qué. Pero otras muchas, decidieron seguir adelante porque sintieron que el sufrimiento tenía que trascenderse. Decidieron que, si avanzaban habría más personas que estarían en el camino. Unas llevarían uno, otras dos, y otras 50 o 1000 pasos, más adelante que tú. Pero todas formamos parte de este camino.

El camino lo eliges tú.

Si eliges el camino de la responsabilidad, sanarás y encontrarás ayuda. Es normal que temas, nunca antes hiciste esto. Pero no te confundas a ti mism@ contándote historias irreales que vienen de tus creencias.

Cuando escojas el camino, encontrarás esas personas que te ayudarán. Están esperando para ayudarte. Son instrumentos materializados de la fuente de la que tú procedes. Son lo mismo que tú, pero que no recuerdas.

Pide continuar con ayuda tu camino de paz y amor. Empieza responsabilizándote y pide ayuda.

SIN CULPAS SE ESTÁ MÁS FELIZ

Hay algo que yo aprendí con los años y es referente a la culpa. Lo que me costó sufrimiento por tener la idea de que "era culpable".

Primero debo aclararte que el sufrimiento no forma parte de tu esencia, es una elección o una reacción, muchas veces automática e inconsciente por recuerdos de tu pasado o de tu transgeneracional. Y es muy diferente al dolor que, por lo general, es físico.

La culpa, por otro lado, es una palabra que se repite en muchas bocas, y pasa de generación a generación, intentando paralizar a quiénes se dice son culpables, para poder tener poder sobre ell@s y quitarles autonomía.

Deseo compartirte, desde mi experiencia, soluciones para que compruebes que lo que estás teniendo existe solo en tu mente, por eso deseo que no sigas viviendo en tu película mental, en esa o esas situaciones que solo existen en tu cabeza porque te lo creíste, tú le diste esa interpretación.

Puede que las cosas que ahora estés viviendo apunten a lo mal que lo estás pasando y eso no te lo refuto, no contradigo tus emociones. Pero lo que yo intento decirte, es que esta situación que estás pasando no es culpa de nadie, tú no eres una pobre persona, no eres todo lo que te han dicho, no te creas una víctima de la vida, saca eso que tienes dentro de tu mente porque no es cierto.

Quiero que sepas que las situaciones que has pasado y quizá las que todavía te están rondando en tu presente, a lo mejor no las quieres mirar de frente porque piensas que no dependen de ti,pero déjame decirte que si estás dentro de ellas es porque todavía no has encontrado salida.

Quiero que despiertes y entiendas que han llegado para que mires lo que no eres, lo que no quieres más en tu vida porque no va en correspondencia contigo, no van en la misma línea de tus deseos. Es hora de mirar con la verdad. Tú no eres víctima de nada ni de nadie.

Este es tu momento para detenerte y observar lo que tienes, identifica lo que te gusta de tu hoy y lo que no quieres más.

Si ahora has reconocido tu verdadero deseo, puede que sientas miedo, temor a enfrentarte a lo desconocido, y no sepas como hacerlo. Te entiendo perfectamente, pero, por el gran amor que te debes a ti mism@, debes seguir a pesar de tus dudas. Sigue tu voz interna, esa que te dirige hacia la tranquilidad emocional.

Ahora, una vez que ya has identificado lo que deseas para ti y sabes que está en ti conseguirlo, tienes que preguntarte, "¿quiero cambiar esto en mí?","¿puedo hacerlo sol@?", "¿qué necesito?".

Lo primero, para responder estas preguntas, es ser sincer@ contigo y reconocer que tú tienes el poder sobre ti. No pretendas cambiar a tu novi@, pareja, marido, a tu madre, padre, hij@, a cualquier persona que creas que no es como tú deseas.

Si hay algo que te dará lo que buscas, es tu sinceridad contigo mism@. Busca tu silencio interior, no temas encontrarte con tu verdad. La verdad te dará seguridad, te dará autonomía.

Nadie más podrá decirte nada sobre ti, que tú no sepas de ti mism@.

Si no sabes aún cómo hacerlo, te contaré otra parte de mi historia para darte algunas ideas de como reconocerte.

No importa si ahora descubres que actúas como víctima, ¿sabes?, yo también lo hacía y no lo sabía pero cuando lo acepté empecé mi cambio.

Hoy empieza tu cambio, vas a poder cambiar tu película mental para ser verdaderamente quien eres y quien has venido a ser. ¡Una persona feliz, sin excusas!

SIEMPRE ERES ESCUCHAD@ Y AYUDAD@

Cuando mis niñas eran pequeñas, Sofía con menos de 1 año y Nicole con menos de 3, yo seguía viviendo con mi ex marido, pensando que podría cambiar su actitud conmigo. Rezaba a mi Dios pidiéndole le ayudara. Y yo, seguía las recomendaciones que había aprendido en el hogar de mis padres, donde todo se resolvía con diálogo.

Mis esfuerzos de hablarle haciéndole entender que él podía cambiar su actitud, y que yo le amaba y deseaba pasar mi vida junto a él, nunca llegaron a un buen puerto.

El tiempo me demostró que mis palabras, mis acciones y todo el esfuerzo que hice para conseguir lo que yo decía que era salvar nuestro matrimonio, fue en vano.

El cambio en sus actitudes duraba un tiempo, el cual cada vez era más reducido. En cambio, los episodios de violencia psicológica y física eran más frecuentes.

El tiempo pasaba y siempre, después de las discusiones, me cuestionaba cuándo tendría fuerzas para dejar esa situación, cuándo perdería el miedo para dejar todo eso que no me ayudaba y solo conseguía hundirme y agotarme.

Pero los días me iban indicando el gran día. Pasé un tiempo donde, ya no solo él me decía cosas feas a mí, sino también a mi niña mayor, que por esa época tenía tres años y empezaba a darse cuenta de todo. En una oportunidad, recuerdo sus ojos negros y grandes con miedo buscando mi ayuda y yo no poder hacer mucho por ella, porque temía que él se enfureciera mucho más, como ya lo había hecho otras veces, donde en lugar de proteger a mi niña, terminaba dándonos voces a las dos.

Así que cuando empecé a sentir que su ira no solo llegaba a mí, sino también a mi preciosa pequeña, algo muy grande se removió dentro de mí y ahí levanté mi voz. Y le avisé de las consecuencias que tendría si le hacía daño a ella también. Esto le generó más furia, pero ante la presencia de mi niña, me callé y traté de calmarla. Le preparé la cena a ella y a su hermana pequeña que no se había enterado de lo ocurrido.

Después de acostar a mis niñas empezaba todo, me buscaba en la cocina, siempre lo hacía mientras fregaba los platos y ahí aprovechaba para soltar todos sus insultos. Esa noche me dije que no callaría más y le respondí diciéndole que no le tenía miedo y que lo denunciaría, aunque no sabía cómo hacerlo, pero se lo dije.

Eso fue brutal, recibí más agresión física que antes, traté de defenderme, pero su fuerza era mayor que la mía. Ante mis gritos de ayuda, los vecinos llamaron a la policía. Y una pareja de policías llamó al timbre de casa.

Cuando miré por la mirilla, me asusté, y él más. Entonces él me dijo, -Si dices algo, te quedas sin hijas-. Asustada, abrí la puerta, con la cara roja de llanto y con dolor en el cuerpo, donde había recibido golpes con la puerta de la cocina. Los policías me preguntaron si quería ayuda y si tenía que denunciar algo. Me dijeron -Los vecinos han escuchado gritos pidiendo ayuda, por eso estamos aquí-. Yo solo lloraba y no podía decir nada, tenía tanto miedo de perder a mis niñas, estaba muy asustada. Pero deseaba que esa persona, que vivía conmigo, nunca más, estuviera bajo el mismo techo. Después de repreguntarme lo mismo la policía, y él responder, -No nos pasa nada, solo ha habido una simple discusión de pareja-, se fueron.

Ese día le dije, -Nunca más me volverás a tocar. Vete de esta casa, no puedo vivir más contigo-. El volvió a decir que no se iría nunca. Si yo quería, que me fuese yo, y que dejara a mis niñas. Sin energía, y con mucho dolor y sufrimiento, me di por vencida, me fui a ver a mis niñas en sus habitaciones. Seguían felizmente dormidas, las puertas estaban cerradas mientras había pasado toda la discusión y ellas no se habían enterado. Me acosté desesperada y pidiendo claridad para saber qué hacer.

Al día siguiente, él me pidió disculpas y yo le dije que no deseaba hablar más con él, que por favor se fuera de la casa. Entonces, gritando, me decía que lo único que había querido era adueñarme de su piso y que eso nunca lo conseguiría. Me gritó tanto y tan fuerte en mi oído que empecé nuevamente a sentir dolor, no soportaba que hablaran alto, cualquier ruido ya molestaba mi oido.

Sentía dolor en el cuerpo, me miré y vi los moretones en la espalda, en los brazos y en la cara. Así que fui al centro de salud, solo para sentirme escuchada por mi médico de cabecera. Cuando esta me vio, me dijo que debía denunciarlo, yo le dije que no, por mis niñas. Ella insistió -Debes hacerlo justamente por ellas-. Yo le contesté, -No puedo, ¿cómo las mantengo?, ¿cómo podré trabajar si no tengo como pagar a alguien que se quede con ellas?-.

Inmediatamente me acompañó a hablar con la trabajadora social. Ella me recordó todo lo que me explicaron en su día, en un curso que recibí. Pero nunca me había decidido a buscar ayuda. Recibí ayuda de una psicóloga al día siguiente, en un servicio que actualmente ya no existe, y pronto empecé a tomar medidas para protegerme.

Aunque finalmente no lo denuncié, al cabo de un tiempo, me llamaron del juzgado porque habían recibido un parte de lesiones y tenía que ir a juicio a declarar.

Todo se dio para que él firmara la separación por mutuo acuerdo, y aunque no tenía trabajo, ni dinero; hoy reconozco que aparte del miedo y el dolor, todo sucedió para mi bien y el de mis niñas.

Me aferré a salir y a pedir ayuda humana y espiritual. Me aferré a mi Dios, que me permitió llegar hasta este país anhelado y estar donde estaba.

A partir de ahí, aun con mucho miedo, mi vida comenzó a cambiar para bien.

Organicé mi vida, fui a pedir cita en el área de la mujer de mi ayuntamiento. Me dieron cita para la trabajadora social y la abogada. Luego fui a contarle lo sucedido a una compañera y a pedirle información sobre dónde buscar trabajo de mi profesión. Pregunté por alguna joven de confianza para que se encargara de cuidar a mis niñas cuando empezara a trabajar. Pedí ayuda a mi hermana, a quien conté lo sucedido durante mis años de matrimonio, para que, en caso de que tuviera que apoyarme recogiendo a mis niñas del colegio, me echara una mano. Me saqué el carnet de conducir y, con el dinero que recibí al separarme, por un piso que compramos en conjunto, me compré un coche.

Aprendí a base de errores a llevar la economía de mi casa. Tenía que volver a saber los precios de la comida y de los servicios. Y con el dinero, que recibía por la manutención de mis niñas, tenía que llegar a fin de mes. Aprendí a sentirme fuerte, podía ser realmente yo, esa mujer que se comía el mundo para alcanzar sus proyectos profesionales.

Empecé a verme como ejemplo de fortaleza para mis dos pequeñas. No negaré que fueron épocas de cansancio, de mucho trabajo y de hacerme muchas preguntas, pero lo que realmente me importaba era sentir que tenía que seguir avanzando.

Sentía que no podía quedarme solamente llorando por lo que me había ocurrido. Tenía que restaurar mi alegría y mi paz. Y convertir mi hogar en un sitio donde me sintiera a gusto, donde tuviera la paz que tanto había deseado.

Era mi responsabilidad aceptar que yo atraje esa persona a mi vida, ahora estaba tomando acción para liberarme de lo que no me hacía bien.

Estaba en mí, aprovechar lo que el universo, o como yo digo, Dios, estaba regalándome. Tenía vida para poder volver a experimentar lo que soy, experimentar mis bendiciones y mis cualidades.

Querida mujer, si has vivido alguna situación parecida en tu vida o conoces de alguna persona que lo esté pasando mal, no te calles, anímala o anímate a vencer los miedos.

Si yo pude, tú o ella también podrá.

Créetelo, prepárate y atrévete.

Cuentas con mi ejemplo y ayuda.

NO HAY MAL QUE DURE CIEN AÑOS NI CUERPO QUE LO RESISTA

Cuando empecé la relación sentimental con el padre de mis niñas todo parecía ir bien, pero sin darme cuenta me fui quedando sin amigas y tenía menos contacto con mi familia. Yo creía que era momentáneo y que quizá el estar enamorada, sentirme tan cuidada y centrarme en él, iría pasando y luego recuperaría el contacto con mis amigas o realizaría más reuniones como antes con ellas.

Sin entender mucho, fui quedándome con solo dos amigas en contacto, a las cuales casi no veía, pues siempre mi esposo tenía algo planificado para hacer juntos, en pareja.

Finalmente, a medida que pasaba el tiempo y me convertí en madre, perdí la posibilidad de reunirme con ellas.

Mi esposo era poco sociable, él prefería pasar el tiempo conmigo o visitar a mi hermana y a su familia, pero el tiempo justo. Y yo fui cediendo a su forma de ser porque pensé que como viajaba mucho, dentro y fuera de España, por su trabajo, deseaba estar más tiempo con su familia y tener tranquilidad.

Él estaba divorciado de un anterior matrimonio, del que había tenido dos hijos, que ya eran mayores de edad y que venían a comer a casa de vez en cuando.

Mi ex marido era el mayor de tres hermanos pero tenía poco contacto con ellos, yo los conocí unas semanas antes de la boda y si no hubiera sido por mí, que le incité a que los llamase, no sabría de ellos. No tenía padres, habían fallecido hacía algunos años, de enfermedades comunes a las personas mayores.

Sin darme cuenta, empezaron a suceder cosas que, en un principio, yo justificaba como reacciones por cansancio o malos días en su trabajo, pero que, con el paso de los meses, se fueron presentando con más frecuencia.

Si bien es cierto, la forma que yo tenía de hablar cuando recién llegué era en un tono más suave que ahora, él trataba de decirme que tenía que cambiar mi forma de ser porque, si no, me iban a tomar por tonta. Yo le explicaba que era mi forma de ser, que intentaría no hablar tan suave, pero que no veía el por qué de hablarle alto a la gente, salvo que no me escuchasen.

Había visto reacciones de enfado y dar voces a varios médicos, en la clínica donde trabajaba a sus propios compañeros y ellos no tomarlo como algo ofensivo; así que pensé, "esta es la forma de relacionarse de algunos hombres que, por suerte o desgracia, eran los que me rodeaban".

Lo que yo hacía, por ese entonces, era repetir el buen trato que vi en mis padres. Se hablaban con amor y respeto, se tenían paciencia y agradecían siempre por todo lo que recibían. Era algo innato, nada forzado, pero esta vez no entendía porque la persona a la que yo quería tanto y sentía que me amaba, ahora me decía que no era mi manera de ser la correcta, no lo entendía, pero, siempre que me decía, -No agradezcas tanto a los camareros cuando te traen algo porque es su trabajo, por eso le pagamos-; yo le explicaba que es una norma de educación que había aprendido y que no me costaba hacerlo y él me repetía "te van a tomar por servil".

Como le quería y creía que él estaba equivocado en su percepción, yo seguí actuando según mi corazón cuando estaba sola, y cuando surgía el tema sobre mi actitud, le hablaba con mucho cariño, le explicaba lo importante que era agradecer y decir las cosas de buenas formas. Para ese entonces, sus enfados también los afrontaba con palabras de cariño. Le explicaba que debería controlar sus impulsos, y que las personas del trabajo estaban fuera de casa, y en casa solo estaba yo para conversar, buscar nuestra paz y ser felices.

Él se calmaba con mis palabras y me decía, -Tú tienes la capacidad de sacar lo bueno que hay en mí-. Cuando le oí decir esa expresión por primera vez, me asusté y pensé, "ese no es el hombre que me conquistó y del cual me enamoré. Yo no me creo que tengas una bestia que sale fuera y tenga que estar yo tirando de lo bueno que tienes dentro". No sentí su frase como un halago, pero le respondí, -No digas eso, tú tienes ese poder. No lo tengo yo-.

Después de dos años de matrimonio, nació nuestra primera niña y a los dos años siguientes la segunda. Para esa época, yo ya no era la misma chica conquistadora de sueños, con entusiasmo y feliz que llegó a este país.

Me fui transformando en una mujer, hija, madre, esposa que dejo de pensar en ella, porque los mensajes que recibí de la única persona que tenía a mi lado y que me repetía una y otra vez, no eran nada gratificantes, sino todo lo contrario.

Esas palabras o frases, me las creí a golpe de gritos y malos tratos. Hasta que llegó un día en que vi la muerte muy cerca de mí, pero, esta vez, porque me la quería provocar él. Fue allí donde pensé en esos dos ángeles que tenía y que no podía dejarlas con su padre como cuidador. El gesto que hizo fue el más grave para mí, en los 7 años que viví con él.

Pero entendí, al cabo de unos años, que si eso nunca hubiese ocurrido, hubiera tardado más en actuar para liberarme de esa situación, tan diferente a la que siempre había deseado.

Hoy puedo agradecerle que me hiciera despertar y asumir que no era lo que él me decía. Que no podía pedir ayuda o que nadie me ayudaría, y aunque me asustaba pensar que estaba sola con dos niñas pequeñas que sacar adelante, sentía que, al no tener trabajo, al no tener apoyo familiar, porque nadie en mi familia conocía mi realidad, iba a dar el gran paso sí o sí. Ya no podía seguir viviendo con esa opresión y ese infierno en mi vida, y porque deseaba que mis niñas tuviesen una visión de un ambiente de paz en su hogar, aunque su familia no estuviera al completo.

Deseaba que vieran que la vida no siempre es perfecta según la sociedad, pero no quería que crecieran con una imagen distorsionada de lo que es una familia feliz.

> **Es importante comprender que, no es mejor tener una familia donde estén juntos todos sus miembros, padre, madre e hijos, sino, que una familia debe ser una estructura de amor, de respeto, de libertad y de crecimiento en valores y virtudes. Y no un campo de batalla, ni un lugar de tristeza y de resignación.**
>
> **Jeanette**

ENFOCÁNDOTE

Puedes observar que muchas palabras que salen de tu boca no son tuyas, no salieron desde tu corazón, sino que son repeticiones de tu entorno más cercano, puede ser de tu grupo de amig@s o de frases que vengan diciendo tus padres, tus profesores, tus personas de referencia, o son expresiones de tus ancestros, que tu clan va asumiendo como parte del momento presente, pero que no son reales porque vienen repitiéndose de generación en generación de manera automática.

Cuando encuentras tu foco o, mejor dicho, la dirección de tu vida; es cuando te haces consciente de tu despertar. Es cuando realmente diriges todo tu potencial, desde tus pensamientos y tus palabras intencionadas, a conseguir tu objetivo a través de tus acciones, desde el corazón, desde el alma, desde el poder, con tu propio poder de intención.

Pero no creas que debes quedarte sentad@ en casa solo meditando, visualizando u orando. Tienes que mover tu energía hasta una frecuencia tan elevada que no le quede, al universo, otra opción más que materializar tu deseo.

> **Ese deseo que actuará en consonancia con el universo te llevará a ser el mayor bien para la humanidad.**
>
> **Jeanette**

EJERCICIOS

En esta página pega una foto de un recuerdo feliz.

FOTO AQUÍ

Ahora describe. ¿Qué te recuerda esa foto?

____

____

____

____

En este espacio dibuja un sueño especial que puedas recordar. Quizá no le encontraste significado pero te dejó una sensación bonita y agradable y sentiste que te hizo mucho bien. Recuerda que estos dibujos solo son para ti, nadie tiene que evaluarlos y tú, no juzgues tu creación.

Describe qué colores son los qué más te gustan de la imagen de tu sueño (si fue a colores). O que personaje o elemento te agradó ver o recuerdas con mayor claridad.

> **Libérate de lo que no te pertenece e intenta darte lo que te mereces.**
>
> **Jeanette**

III
Redescubrimiento y aceptación

CONFÍA EN TU LUZ Y RECONÓCETE COMOESE SER ESPECIAL Y VALIOSO QUE ERES

Todos tenemos una luz interior, pero muchas veces está apagada, otras veces está escondida y por eso es tan tenue que casi no se puede ver. La hemos dejado olvidada entre las capas del mundo exterior.

Cada uno de nosotros tenemos una luz diferente, única, que nos hace especial y nos da la posibilidad de armonizar con el conjunto universal. Vinimos a formar un arcoiris, una imagen hermosa, donde cada uno se reconoce, se identifica, acepta su color, su intensidad, su misión. Recuerda que ninguna luz apaga a otra, solo la fortalece, la ayuda a crecer y a propagarse.

El universo está esperando que muchas más luces empiecen a brillar, que cada día, sean más los seres que empiezan su búsqueda interior y puedan emitir destellos fuertes, capaces de llegar a rincones alejados del planeta.

> **Hoy, tú puedes empezar a contagiar tu luz desde algo esencial: tu hogar. Empieza con gratitud por tener la posibilidad de estar vivo y experimentar tu presente.**
>
> **Jeanette**

QUEMANDO PERSONAJES

Cuando cambiamos hábitos, nuestra mente responde contrariada y trata de llevarnos al estado pasado, en el que no deseas estar más, pero intenta que no escapes de la comodidad, intenta que sigas viviendo en lo conocido para ella.

Activa su mecanismo de protección a través del instinto de supervivencia, teme a lo nuevo, no sabe que lo que, realmente, vas a conseguir es superar y trascender tus miedos. Por eso, tienes que estar preparad@, conocer cómo funciona tu mente y trabajar desde otro estado.

Un método, que te puede ayudar, es el de la visualización. Este consiste en crear la realidad que pretendes obtener, observándola desde tu mirada con consciencia y sintiéndola como si ya la tuvieras activa en tu presente.

Es importante aclarar que no sirve de nada visualizar una intención que solamente va a beneficiar a tu ego, es importante, saber que todo lo que tú desees, si es para tu bien en concordancia con el universo, se te dará porque eres hij@ de Dios.

Pero tu nueva realidad tampoco se manifestará si solo visualizas y te quedas en tu rutina y no pones tu acción; las cosas no van a venir a ti solo por quedarte sentad@ visualizando, esperando que sucedan por arte de magia.

Es aquí donde tienes que actuar en concordancia con lo que

deseas, por ejemplo si deseas tener un cuerpo con menos kilos y te visualizas con una imagen que te agrade verte, no lo conseguirás si no haces nada por modificar tu alimentación y si no incluyes algo de ejercicio físico o deporte en tu día a día.

Debes empezar reconociendo a que personajes has venido representando hasta ahora y empezar a soltarlos. Si decidiste aceptar determinadas etiquetas y éstas no son las que te definen, quien eres tú realmente. Entonces ahora, es el momento de trabajar tu compasión y originalidad.

Empieza escribiendo una lista de todo lo que quieres cambiar en ti. Mira tu aspecto físico, sentimental, emocional, espiritual…

Luego, escribe frente a esta lista cómo lo podrías conseguir. Qué tendrías que hacer, qué acciones que sólo dependan de ti, no del tiempo, ni del presidente de tu país, ni de la actitud de tu familia, ni de nada externo.

Finalmente, mira cuál de todas esas cosas son más próximas para obtener resultados. Es decir, prioriza en el tiempo.

Necesitas, para empezar, realizar actividades en las que puedas ver que eres capaz de conseguir lo que te propones. No solo con visualización, sino con un plan de acción. Eso te motivará a seguir avanzando en el nivel de tus objetivos.

Sé práctic@, si pones, al inicio, un objetivo muy alto, terminarás abandonando. Empieza por algo a corto plazo y luego ve avanzando con algo cuyo nivel de cumplimiento implique dedicarle más tiempo, así tendrás menos posibilidades de fracaso, porque antes te habrás entrenado con objetivos a corto plazo que te permitirán interiorizar tus nuevos hábitos de disciplina. Así, cuando menos lo esperes, eso que te decían y que tú creías que no podrías conseguir, será una realidad en tu vida.

Por ejemplo, quieres recorrer el mundo este año pero no tienes presupuesto económico, ni un propósito fuerte para hacerlo. Esto no sería algo próximo para ver realizado.

Otro ejemplo, te gustaría correr una maratón benéfica. Entonces tendrás que empezar por fijarte un tiempo y unos kilómetros por semanas y tendrás que ir subiendo la intensidad a medida que se acerca el momento de la prueba. No deberías ponerte como meta dos maratones en un mes si no tienes un cuerpo preparado y recién estás empezando con tu objetivo de conseguir un cuerpo sano y fuerte.

QUIERO CAMBIAR	QUE HAGO PARA CONSEGUIRLO

QUIERO CAMBIAR	QUE HAGO PARA CONSEGUIRLO

Al final de tu ruta verás que ya no existen personajes ni etiquetas que te mal definan y no dejen ver tu brillo. Después de esto, solo te reconocerás como lo que eres, un ser que vive buscando el ser auténtico.

Jeanette

CUANDO EL MIEDO QUIERE APODERARSE DE TI

Respira, respira y respira.

Repite ayúdame, ayúdame, ayúdame que sin ti nada puedo.

Di gracias, gracias, gracias.

Todo va a salir bien, todo va a salir bien.

Todo es para mi mayor bien.

Suelto y confío.

Perdón por este momento.

Toma el sol si puedes, si el clima te lo permite.

Si no lo hay, cambia tu estado, muévete.

Si estás sentado, ponte de pie y ve a beber un vaso de agua.

Si estás en la calle, cambia de acera.

Busca un escaparate y mírate bell@.

Tienes la esencia del universo.

Tienes vida y muchas oportunidades de ser mejor.

> **Romper el estado del miedo, es no centrar tu atención en él. Respirando conscientemente te conectarás con tu paz y seguridad interior**
>
> **Jeanette**

CUANDO EL QUÉ DIRAN SÍ IMPORTA

Es común que las críticas de los demás nos hundan o determinen un bloqueo en nuestras vidas. Y ¿por qué no usar esas críticas u opiniones para cambiar la percepción que tienen de nosotros?

¿Por qué no utilizar esas ideas, palabras, expresiones… como la energía que nos llevará a materializar nuestra verdadera realidad? Estamos acostumbrad@s a que, lo que dicen las personas de nuestro alrededor, importe en nuestros actos y en nuestra vida.

Dejamos nuestros proyectos en manos de los juicios, las críticas y las percepciones de nuestras parejas, espos@s, familiares, padres, amigos, de la sociedad… para escudarnos en un rol de víctima, de persona débil, frágil, necesitada.

A partir de ahora, ese debe ser el detonante para reafirmar lo que tú realmente quieres ser y que sea el impulso a cambiar la percepción que tienen de ti, si es que no te gusta hoy, lo que se ofrece ante ti.

Presta atención...

Cuando mi niña mayor empezó el colegio, hice amistad con algunas madres de su clase. Con una de ellas tuve más cercanía, porque vivía muy cerca de mi casa y casi siempre regresábamos conversando después de dejar a mi niña en el colegio. Una mañana de diciembre le dije que tomáramos un café juntas, sentía una gran necesidad de hablar con alguien. Deseaba encontrar ayuda y ser escuchada.

En mi desesperación le conté el episodio de violencia física y emocional del que yo había sido víctima una vez más, por parte de mi marido, la noche anterior.

Le pedí que mirara las marcas que tenía en el cuerpo y que me hiciera fotos porque yo no me veía bien la parte de atrás de la espalda. Ella, aunque sorprendida de lo que se estaba enterando, amablemente me hizo fotos con su móvil.

Fue cuando me contó que podía pedir ayuda como víctima

de violencia de género. Me explicó los beneficios que obtendría al denunciar todo lo que me ocurría con el padre de mis niñas.

Ella me animaba, intentando que viera los beneficios económicos que recibiría, al igual que me informaba de las oportunidades de recibir ayudas públicas en comedores, libros, posibilidades de conseguir trabajo, entre otras cosas.

Me explicó lo que significaba la orden de alejamiento y la entrega de las niñas en un punto de encuentro. Ella había denunciado maltrato psicológico y gozaba de esos beneficios desde los 10 meses de vida de su niña. Pero todo lo que me decía, yo sentia que no lo necesitaba, yo solo deseaba vivir en paz.

Deseaba encontrar la manera de que él no me tocara más, necesitaba gente que me ayudara a salir de esa situación oficialmente, no buscaba que, mi marido, pagara nada a favor mío. Tenía sus palabras, dentro de mí diciéndome que era "una extranjera que lo único que había querido era aprovecharme de su dinero". Lo cual no era nada cierto y el tiempo se encargó de demostralo.

Aunque en esas épocas no trabajaba, y sentía que ya tenía bastante con sentirme triste y decepcionada, algo dentro de mí me decía, "no puedes conformarte con una etiqueta, tú no eres débil, ni eres lo que está diciendo esa persona de ti. Aunque en este momento creas que no puedes salir de esto, lo conseguirás".

Mi deseo era no seguir soportando esos episodios de violencia, que cada vez eran más intensos, pero que seguía aceptando por no saber cómo recuperar mi libertad.

Vivía en el miedo, me faltaba valor, me faltaba decisión. Pero a pesar de todo ello, mi voz interior consiguió hablarme más fuerte diciéndome, "ya has pasado mucho, ¿necesitas más para poder reaccionar y realmente creer que esta situación no es la que deseas vivir tú ni tus niñas?".

Pero todo se dio para que por fin yo diera ese gran paso hacia mi libertad y mi paz.

Entonces entendí que el qué dirán, no solamente te puede servir para desvalorizarte, al contrario, puede ser el impulso que te permita cambiar la situación que vives.

Negarme a que me etiquetaran como una mujer maltratada, víctima de alguien, me alentó a luchar por lo que yo realmente merecía ser.

Deseaba ser identificada como una persona con fuerza y con ganas de cambiar mi realidad, y no representar la desigualdad, la pena, el sufrimiento o la debilidad.

Es más, no intentaba contar esto a nadie más que a aquellas mujeres que estuviesen pasando algo parecido a lo que yo viví. Era mi gran secreto y mi gran logro, pero deseaba que eso pasara a ser una cicatriz más de guerra, un recuerdo de lo valiente que fui y un recordatorio de que sí se puede recuperar la paz física, mental y emocional.

Para mí ha sido el mayor regalo que me he hecho y ahora transmito a mis niñas. Que si uno lo desea y trabaja por su felicidad, paz y amor, todo le termina llegando.

Con esta historia, espero que tú utilices el *qué dirán* para que te motive a cambiar una situación en la que no estés de acuerdo soportar, porque sientas que no te pertenece. Que te mereces ser tú la que te etiquetas con cualidades de abundancia en éxito y prosperidad.

> **De lo qué reboza el corazón, habla la boca.**
>
> **Evangelio de San Lucas**

LEY DEL ESPEJO

Las personas que encuentras en tu día a día, tienen la misión de hacerte de espejo. A través de ellas podrás ver cuán despiert@ estás en este momento. Lograrás ver si sigues viviendo en temor y rencor o si, por el contrario, has aprendido a vivir en el perdón y la paz. Todas las personas que se cruzan en tu camino no aparecen por azar, todas forman parte de un plan perfecto para que consigas ser tú.

Según como vibras, atraerás personas de energía baja o de vibración alta. Ahora que has empezado el camino, solo te queda avanzar.

Puedes mirar atrás, pero solo para observar todo lo que fuiste y desde donde partes hacia tu prosperidad.

Deseo que seas feliz. Que la gente, cada día, sea más feliz

consiguiendo alejarse de la queja y de las excusas, de la pena y de la culpa. Aprendiendo que lo único que importa es recuperar la felicidad, la que deseo que reconozcas y seas consciente de que es hoy el momento de crearla.

Lo tienes todo dentro de ti. Si no sabes cómo hacerlo, busca ayuda. Tienes libros, tienes audios, tienes gente que lo ha conseguido y te demuestra como tú puedes conectarte con esa voz interior y con aquellas personas que pueden servirte de guía.

> **Esfuérzate, trabaja y lo conseguirás porque cuando escuchas a tu corazón todo te lleva a tu felicidad.**
>
> **Jeanette**

ME RECONOZCO...

Me reconozco como sembrador@ del amor y la fe en Dios, ya no temo a la adversidad porque todo está en mi mirada, en mi actitud, todo está en mi mente.

Si tú crees que podrás, lo vas a conseguir. Lucha por tus sueños a pesar de los obstáculos.

Los obstáculos son ese algo que te ayuda a despertar, simplemente tienen la función de fortalecer tus partes débiles porque eres un ser poderoso pero no siempre lo recuerdas.

Práctica estos consejos y te ayudarás a descubrir, a redescubrir, a calificarte como lo que eres, un ser maravilloso que solamente puede crear grandes obras.

Sólo debes seguir confiando en ese poder sobrenatural que te cuida. Puedes seguir siendo incrédul@ o decidir ser humilde y aceptar que eres un ser cuidado, protegido, guiado por Él.

Para mí, Él es Dios. Para ti puede ser energía, universo, Mahoma, Ala o algún maestro iluminado en el que, según tu fe, creas.

Lo que sí es cierto, es que sin fe no hay milagros y, por lo tanto, tu vida será de constante queja, resignación, enfado, ira y resentimiento. O de conformidad, buscando mil excusas a todo lo que te ocurre.

Él que confía no teme, no se preocupa, sabe que tiene protección. Pero debe actuar para ayudar a que todo continúe en un plan perfecto. Tiene un gran propósito personal, descubrir y expandir la paz con la que vino a este mundo y sembrar el amor a través de sus actos.

Se agradecido con tu providencia y empieza a amarte, empieza por ti.

La vida no es una línea perfecta sino es irregular, con ascensos y descensos. No importa si en algún momento estás abajo y en otro momento estás arriba. Aprovecha ese instante para ver cuán alto llegaste y que te sirva de impulso para volver o superar ese nivel.

Es cierto, tenemos que tener objetivos en la vida. Cada día que pasa nos esforzamos por conseguirlos. Pero esforzarte no significa sacrificio, significa dedicación y disciplina, es hacer las cosas con amor.

¿CÓMO LO HAGO PARA NO DEJARME LLEVAR POR LA ANGUSTIA?

Entonces, me encontré con Laura, aquella mujer que había sido madre hacía más de dos años. Y la encontré muy delgada, estaba más guapa. Se había maquillado un poco, pero estaba demasiado delgada. Me dijo que había perdido 10 kilos debido al estrés, por su nerviosismo en su rol de madre y por sus cosas del trabajo. Esto me dejó la siguiente reflexión...

Si tod@s supiéramos enfrentarnos a nosotr@s mism@s, no habría ansiedad, no habría temor ni tampoco habría expectativas.

Lo único que habría sería, reconocernos como seres en el camino de experimentar cosas para hacernos cada vez mejores. Entonces ¿por qué no lo hacemos?, ¿por qué nos gusta vivir en el rol de víctimas algunas veces?

> **Cuando sientas que no puedes más, PARA. No des un paso más, no hagas nada, suelta todo; tus preocupaciones y tus emociones. Verás como todo se reorganiza. No eres una máquina. Tienes un límite. Escúchate.**
>
> **Jeanette**

IV
Haciendo limpieza interior

ÁMATE

Muchas mujeres y hombres crecimos con la idea equivocada de que necesitamos a alguien para ser feliz. Cuando la clave de todo es querernos con locura a nosotr@s mism@s.

El amor no es dependencia, el amor es libertad. El amor no teme a lo externo, el amor tiene confianza en que todo se dará para su mayor bien y para compartirlo con los que le rodean.

Lo demás es apego, es falta de autoconocimiento, es falta de cariño hacia ti, que te lleva a necesitar y depender de pequeños gestos, como un saludo, un abrazo, un algo; ese algo que, para ti, indica que eres importante para la otra persona como si estuvieras deseando ser aprobad@, querid@, valorad@, o respetado por otr@.

Solo hay una verdad y la llevas dentro de ti. Eres energía y tienes el amor dentro de ti, deja que fluya esa fuente motivadora que vive en ti.

Esa fuerza es tan fuerte que intentará que despiertes y te permitas liberarla.

Tienes el poder de hacer que todos tus días sean divertidos, positivos, de aprendizaje, de transformación…

Siéntete dichos@ de ser una persona consciente, que ha despertado a la dicha y la felicidad constante porque te estas amando.

Si no lo habías sentido antes, hoy es tu momento de sentir que eres consciente de quien eres, te aceptas, te respetas, te perdonas, te valoras y TE AMAS.

TU CORAZÓN, TU CENTRO ENERGÉTICO

Somos energía, tenemos más de un campo energético, el físico, el mental y el emocional. Todos ellos generan energía constantemente, están interconectados y generan energía bioelectromagnética.

Como seres energéticos nos mueven las leyes universales, entre ellas, la ley de atracción. Está demostrado científicamente que el corazón es un sistema independiente del cerebro, pero que actúan, de forma armoniosa, por sinergia.

Está formado por, aproximadamente, unas 40 mil células, es nuestro centro energético. Genera energía y esto hace que emitamos ondas energéticas a nuestro entorno, ondas que son devueltas, atrayendo a nuestra vida situaciones y personas, según el nivel en el que se vibra. Es decir, que somos imanes que atraemos según nuestra intensidad y carga energética.

La mente es la que genera este proceso, tiene una parte consciente que te permite elegir tus acciones y que va ligada con tus creencias conscientes y con las inconscientes.

De estas últimas, la ciencia ha comprobado que el 90% las traemos de nuestros sistemas de creencias, construidos desde nuestros antepasados.

Aquí se incluyen los juicios y las expectativas, de aquí surgen los bloqueos que se manifiestan como condicionamientos o mecanismos de defensa frente a lo que atraemos a nuestra vida.

Cuando observes que te pasan las mismas cosas una y otra vez, es cuando debes detenerte a pensar qué estás atrayendo. Luego, préstale atención para sanar eso no resuelto.

Pregúntate, ¿cómo quiero que sea eso?, ¿cómo me hubiese gustado que fuera?. Y a partir de ahí, dirige lo que deseas que te suceda, traza la ruta de tu viaje, de tu vida, no dejes las cosas a la suerte o al destino.

Solo tu actitud es la creadora de tu próximo final. Es tu responsabilidad identificar tus creencias limitantes para que puedas manifestar, posteriormente, lo que tú deseas. Tienes que trabajar el poder de tu mente para que tengas acciones beneficiosas.

Debes preguntarte ¿Qué área de tu vida está bloqueada? Allí está la información que buscas. Si estás atent@ descubrirás esa respuesta, ese programa que tienes que sanar. La percepción es importante en esta ley.

La forma en que te hizo sentir esa experiencia, hace que actúes de una forma determinada. Si ya la has identificado, ahora tienes que trabajar tu inconsciente para usar el poder de tu mente. Eso es lo que te va permitir materializarlo.

Aún sin decir nada, se siente la energía. Todo el proceso mental mueve la energía en ti para ver pronto su manifestación física.

Donde pones tu atención, diriges tu fuerza energética. Eres capaz de producir el movimiento imperceptible pero real en la estructura de los átomos que conforman una situación. Todo vibra, todo interactúa dentro y fuera de ti.

Si ya estás vibrando en energías altas y positivas, entonces verás cómo ciertas personas y situaciones que no vibran, ahora, igual que tú, se alejan. Y tú empiezas a conectarte con nuevos seres que te contagiarán de su carga, de su energía y de su luz.

Aquí es cuando empieza tu limpieza interior, tu reinicio, tu sanación.

HERRAMIENTAS PARA ACTIVAR TUS PODERES

Estas herramientas me ayudaron y han ayudado a millones de personas en el mundo.

Tienes libertad de elección, coge aquella que resuene más contigo.

Mi recomendación es que las pruebes todas, puede que en algunos momentos decidas usar unas y en otros, otras. Sin embargo, también puedes mezclarlas empezando con una y terminando con otra que a ti te venga bien.

El universo, la vida, la fuente, Dios nos hizo libres. Y fuimos nosotros, por desconocimiento o cambio en la interpretación del mensaje, que asumimos llevar muchas capas de prejuicios, culpas, críticas, pensamientos negativos.

1. El poder de la fe

Cada ser humano es libre de elegir pertenecer, o no, a una religión o creencia espiritual o no espiritual. Lo que sí ha demostrado la ciencia es que si tienes fe, en algo superior a ti, tus resultados son maravillosos frente a aquellos seres que no tienen una fuente de inspiración superior y solo creen en sí mismos, sin reconocer que hay algo que está dentro de ell@s, que es parte de un todo.

Yo no pretendo hablar de religión ni poner en discusión cual es la mejor para que la sigas; si eres un ser religioso me alegro mucho pero sino lo eres y tienes fe, también estoy alegre por ti.

Deseo que hablemos de espiritualidad, aquel término que, en su día, quedaba postergado a la incomprensión y prejuicio de la ciencia y que, ahora se sabe, por muchas investigaciones científicas, que hay una gran conexión entre ambos.

Lo que pretendo es mostrarte cómo esto te puede ayudar en tu camino a encontrarte y reafirmarte en tu ser.

Si eres de una determinada religión, te animo a que dediques todos los días unos minutos de conexión con esa figura de referencia a la que te conectas y de la que eres parte. Eres parte de ese ser creador que te trajo a este plano, llevas su poder en tu interior, eres su hij@ y, por lo tanto, eres un/a dios/a, eres un ser bendecido.

Pero si no eres de ninguna, te invito a que intentes hacer esta práctica con la fuente de tu inspiración, en la que tú creas o alguna vez dijiste era la que te inyectaba esa razón de vivir.

Esta conexión puede hacerse de varias maneras, la más sencilla es entablando una conversación con tus propias palabras con tu fuente de fe, sin importar el lugar donde te encuentres ni la situación en la que te encuentres.

Es común saber que muchas personas se conectan desde lugares de silencio y de recogimiento porque es allí donde tu poder con lo divino es más estrecho, llegas a conectar con la paz que te rodea, que te ofrece el lugar sagrado en el que te encuentras. Los templos de cualquier religión están pensados para llevar, a los que acuden a ellos, a un estado de calma.

Puedes escoger un horario para practicar tu conexión. Al despertarte o antes de acostarte, o a la puesta del sol, según tu disposición en tu planificación diaria. Puedes, también, realizar alguna oración aprendida o que te guste y quieras leer o repetir en voz alta para ti.

Si no sabes que decirle en la conversación, puedes contarle tu día, decirle lo que deseabas hacer, lo que conseguiste y lo que todavía te queda por hacer.

Puedes decirle que estabas perdid@ y que aún te cuesta hablar de determinadas cosas, que hay cosas que no entiendes pero confías en que te llegará el entendimiento, la claridad para poder ver sus mensajes.

No le pidas desde la desesperación, no le pidas deseos materiales como si de un mago se tratase, que los quieres para ya, ni le pongas fecha y hora.

Pide desde la bondad. Entonces verás como muchas puertas se abren, muchas situaciones se arreglan o las actitudes de las personas de tu alrededor cambian.

<u>Una cosa muy importante</u>, recuerda agradecerle por todo lo que tienes. Puedes terminar tu conexión diciendo cualquiera de estas expresiones: Amén. Así sea. Hecho está. Gracias.

Otra forma de conectar también es a través de alguna canción, donde le puedes expresar lo importante que es para ti, darle gracias, cantar a una de sus creaciones, por ejemplo la naturaleza; de esta forma te conectarás desde otra vibración, lo harás con tu alegría y con tu gratitud. Tu energía subirá y atraerás muchas bendiciones más.

Quiero que quede claro que no intento dar un mensaje de religiosidad, lo único que deseo es que empieces a creer en esa fuerza superior que obra para ti.

Debes reconocer que tú sol@ no conseguirías nada abundante. Debes aceptar que eres parte de un todo y dejar que actúe ese todo para tu bien.

> ***Todos los días tienes a tu disposición esa fuente inagotable de bendiciones, solo tienes que decirle que sí la aceptas y vendrá hacia ti porque eres su hij@ amad@.***
>
> **Jeanette**

2. El poder de la meditación

Esta práctica es cada vez más conocida y practicada, no solo por yoguis o por personas muy espirituales. Es conocida como otra técnica del silencio que te ayuda a conectar con tu fuente, tu energía o tu Dios como lo harías con la oración. Por eso puedes empezar con la meditación y finalizar con la oración.

Si no eres nada religioso, pero te defines como un ser espiritual, puede que estés más informado de la práctica de la meditación. Pero si por el contrario desconoces esta información, aquí te voy a contar como se practica y el poder que tiene para ti.

Practicarlo es muy sencillo, lo único que necesitas es buscar un lugar donde estés a gusto, sin ruidos, y elegir una postura cómoda. Te recomiendo que lo realices sentad@ en una silla, en tu sofá o en una alfombrilla. Aunque también lo puedes hacer tumbad@.

Mantén tu espalda recta, descruza las piernas si estás en una silla o sofá, si lo haces desde una alfombrilla puedes poner tus piernas en postura hindú. Ahora cierra los ojos y respira fijándote en como entra el aire por tu nariz y llega a tu abdomen, siente como se eleva tu barriga, como se expande tu abdomen.

Imagina como llega este oxígeno del aire a todas las células de tu cuerpo. Cuando sueltes el aire, que ya no te hace falta (para algunas filosofías es por la nariz y para otras por la boca), hazlo despacio, permítete escuchar el ruido que hace al salir y escucha el latido de tu corazón. Siente como te llega tranquilidad, calma… paz.

Puedes realizar de 3 a 6 respiraciones, no es importante el número de respiraciones que realices, pero si te recomiendo que no sean menos de 3, porque está demostrado que hay un tiempo mínimo donde nuestro cerebro conecta con ciertos estados de nuestro campo neurológico, estados alfa que nos permiten entrar y recuperar la paz y encontrar respuestas a situaciones que no entendemos.

La meditación te permite recuperar claridad y volver a ser tú.

Al inicio te puede valer con un tiempo aproximado de cinco minutos, luego puedes ir aumentando conforme tú veas necesario.

Si deseas, puedes programar en tu día a día, tiempo para practicarla, si la haces un hábito, verás cómo tus reacciones, a lo cotidiano, cambian. Ponte un cronómetro para controlar el tiempo las primeras semanas y posteriormente ya tendrás el tiempo cogido en relación a cómo vas sintiendo tu cuerpo.

Te recomiendo que hagas este ejercicio cuando te sientas extraño a ti, cuando estés viendo que no eres tú, que lo que estás haciendo no te gusta, posiblemente estés muy enfadad@, estés muy nervios@, asustad@, preocupad@ o quizá triste.

3. El poder del mindfulness

Esta práctica lleva algún tiempo entre nosotros. Está escrita en inglés pero quiere decir **"atención plena"**.

Realizarla, es más inmediato y no necesita de nada en especial, solo requiere de tu consciencia.

Es decir, requiere que estés atent@ y presente en lo que haces, en todo lo que realices desde tu voluntad y le prestes atención y te fijes en cómo lo haces, dejando de lado otras cosas que tengas en tu mente.

Puedes empezar a practicarlo con tu respiración, fijándote en como entra el aire por tu nariz y llena tus pulmones, sintiendo cómo expande tus costillas e imaginando cómo llega a todos los órganos de tu cuerpo. Otra situación para practicar es cuando te cepillas los dientes. Puedes estar en ese momento, disfrutando desde el instante en el que coges el cepillo de dientes. Empieza mirando tus dedos, ¡los tienes!, te permiten coger tu cepillo, observa la fuerza que tienes en tus manos para poder presionar la pasta de dientes y poder ponerla sobre el cepillo, poder oler esa pasta, disfrutar de tu olfato, el movimiento que haces con tu cepillo, la bendición que tienes de ver el color de tu cepillo de dientes y mirarte a la cara en el espejo, mirar tus dientes, que son el resultado de un trabajo intenso de tu cuerpo, de tus células para crearlos y que ahora estén formando un conjunto en tu boca que te permiten masticar y que puedes limpiarlos y darles cuidado. Estos segundos son como una descripción, que tú te haces de lo que realizas, estás en modo "atención" de todo lo que haces en tu día a día. Generalmente todo esto lo hacías de manera automática, por lo que no estabas en el momento presente.

Con esta práctica te permites volver a tu centro, de manera inmediata, sin necesidad de buscar un lugar tranquilo ni una posición determinada, está pensada para que lo realices en tus tareas cotidianas y sin excusas encuentres tu centro.

Si esto lo aplicas a todo, o casi todo lo que haces, verás resultados en tu cuerpo y en tu rostro de inmediato. Empezarás a desconectarte de lo intrascendental para recuperar lo realmente importante, tu paz interior.

4. Ho'oponopono

Esta práctica, de origen hawaiano, también es una manera sencilla de reconectarte contigo y con la fuente, la energía universal o lo que yo llamo Dios.

Solo necesitas decir unas determinadas palabras o frases, sin importar el estado de ánimo en el que te encuentres, es decir, las puedes repetir estando enfadad@(enojad@), lloros@, en calma y seguir en tu día a día. Verás cambios incomprensibles para bien.

La frase ***"Perdón por aquello que habita en mí que ha creado esto"*** la trajo al mundo occidental Morna Simeona. Ella y sus discípulos entre ellos Dr. Ihaleakalá Hew Len y Mabel Katz, aconsejan repetir estas palabras juntas o de manera individual: ***"Gracias, perdón, lo siento, te amo, gotas de rocío, llave de la luz, papel para moscas, suelto y confío, gracias no compro"***, entre otras.

Quiero decirte que un simple, ***gracias***, o cualquiera de las palabras de arriba, repetidas muchas veces, tantas como te hagan falta para desconectar de una situación desagradable para ti, te está dando la posibilidad de reiniciarte en ese episodio de tu vida, del que deseas salir.

Es como decirle a la divinidad, esa fuerza poderosa que sabe más que nosotros, "me pongo en tus manos, yo ya no sé hacer más, te lo dejo a ti, ya aprendí, ayúdame a seguir, tú sabes porque me mandas esto, tú sabes, mejor que yo, lo que tengo que aprender de esta experiencia", o simplemente le estas diciendo, "te doy el sí para que tú actúes y pueda, a través de estas circunstancias, procesos o personas, ver lo que tengo que sanar, superar, trasmutar o reiniciar. Porque si no, seguirán manifestándose una y otra vez y cada vez con mayor fuerza o intensidad".

Esto, también guarda relación con la filosofía que se explica en "Un curso de milagros", donde se practica la expiación, que es dejar todo en manos de ese Ser Superior, al que yo llamo Dios. Pero tú, le puedes llamar universo o energía universal. Lo importante es dejarlo en su poder, y tú, continuar enfocad@ en lo que sí puedes hacer.

Se me olvidaba, estas frases las debes repetir mentalmente o, si estás sol@, en voz alta. ¿Por qué no verbalmente cuando estés con más gente? Porque las personas de tu entorno, posiblemente, no sepan del poder sanador de esto y las enfurezca más, a tal forma de que puedan tomar acciones negativas contra ti.

Cuídate de los prejuicios, los juicios falsos o etiquetas (calificativos).

Cuando vean tus milagros, entonces, ya habrás tenido motivos para expresar lo que tú practicas.

Esto no va de competir con nadie, ni demostrar quién eres por tus palabras, tus títulos o tus premios, esto solo se verá a través de tus resultados, que serán los que hablarán por ti.

> **No olvides ser caut@ con tus palabras y permite demostrar con tus acciones lo que practicas. Descubre así, cómo puedes ser motivo de inspiración para muchas personas.**
>
> **Jeanette**

EL INICIO NO SIEMPRE ES FÁCIL

Cuando cambiamos hábitos, nuestra mente responde contrariada y trata de llevarnos al mismo estado, ese que no deseamos tener más. No quiere que salgas de ese patrón rutinario de pensamiento/acción-reacción. Es su estado de protección, es la clara manifestación del instinto me supervivencia, la manifestación de lo que conoce, porque no sabe que lo que realmente vas a conseguir es trascender tus miedos.

Tienes que ser compasiv@ y valiente, a la vez, contigo mism@. Entender que llevabas muchos años en una situación que parecía que nunca cambiaría por tu creencia mental. Pero ahora decides cambiarla ya que, con ella, no has visto paz ni felicidad.

Ahora, es cuando dejas salir lo que eres y lo que no recordabas. Eres un ser valiente y vas a conseguir mantenerte en ese cambio.

En mi vida, observé que aplicando esto que te comento, todo se dio con los resultados esperados.

Mi ejemplo: cuando yo empecé mi cambio e hice mi lista, (tabla pag. 125) miré que había cosas que se darían como consecuencia de realizar las más inevitables. ¿A qué llamaba yo inevitable? A toda situación que me impedía estar en paz.

Para empezar, tuve que reconocer que mi paz era muy importante, era como el aire que necesitaba respirar a diario. Sentía que sin ella, no podía comer bien, dar amor a mis niñas, ni dar toda mi experiencia a las mujeres que llegaban a mi vida profesional.

Entonces, empecé primero informándome de lo que me

pasaba. Puse nombre a lo que vivía. Y anhelé, con todo mi corazón y mi alma, encontrar las herramientas para conseguir mi paz. Y sin saber cómo, el universo me puso lo que necesitaba saber, frente a mis ojos. Nunca pensé que fuese tan preciso, pero consiguió hacerme consciente de mi realidad.

En la vida, están las personas despiertas que han empezado a ver lo que son y lo que desean llegar a ser. Y están aquellas que continúan en su mundo.

Todas estas personas tienen luz en su interior pero no se ven brillantes. A algun@s, la vida les presentará seres de luz y con sus destellos, despertarán, otras necesitarán sentir un dolor, un sufrimiento para verse y empezar a brillar.

Tú, que estás en el camino, sigue cultivando tu poder, tu luz, tu iluminación.

Cada oportunidad te ayudará a reconocerte y descubrir quién eres.

En ese camino, sin saberlo, despertarás a más seres dormidos.

Tienes una hermosa misión.

Empieza siendo feliz ¡ya!.

Gracias por tu contribución a este mundo.

PERO, ¿CÓMO CONSIGO ESTAR FELIZ?

Te lo voy a explicar de una manera fácil y práctica, a través de ejemplos que usé en mi vida, basándome en la ciencia y la espiritualidad, para que tú también lo consigas. Estos pasos me ayudaron a sentirme en paz, y a medida que los practicaba me sentía, no solo bien conmigo misma sino que transmitía esa nueva energía a las personas que me rodeaban. Decían que notaban una luz en mi rostro, en mi ser.

Decirte, también, que fui sintiendo que resolvía, con más claridad y seguridad, las nuevas situaciones que se me presentaban y, sin explicármelo, las cosas que antes suponían para mí, duda o temor, también se acomodaban de una manera humanamente inexplicable.

Cuando me fui sintiendo bien conmigo misma, comprobé que todo obraba en armonía con el universo para estar bien.

Empecé a entender la definición de la palabra *bendecida*.

Cada vez que sucedía algo bueno o menos bueno, ya no era lo mismo que antes, todo era diferente, sentía que, aun siendo imperfecta y con ganas de aprender, mis estados de calma iban en aumento, como si todo sucediese para favorecerme.

Entendí que cuanto más practicaba, más disciplinada era, conseguía mayor tranquilidad. Con todo esto, finalmente era más fácil recuperar ese estado que tanto me gustaba sentir y expandir, el de estar FELIZ. Así que, esto es lo que empecé a hacer.

Toma nota:

1. Antes de irte a la cama, escribe lo que tienes pendiente hacer al día siguiente, te recomiendo que uses una agenda, notas de colores, o un cuaderno. Aunque a mí me resulta más práctico usar una agenda, lo importante no es que usas, sino que empieces. Es mejor que planifiques tu día siempre dentro del mismo contexto, entorno, así, verás, al cabo del tiempo, como empezaste y como van tus progresos.

2. Empieza tu día agradeciendo. Si no encuentras razones, puedes empezar, simplemente diciendo:

GRACIAS por este nuevo día o GRACIAS por tener vida. También puedes decir GRACIAS por haber dormido en una cama acogedora y en una casa que me protege, GRACIAS porque puedo mirar los colores de las cosas, o GRACIAS por sentir mi respiración.

Estoy convencida de que si sigues mirando, tienes muchas cosas para agradecer. Puedes empezar con 3, no te quitará tiempo hacer este ejercicio.

Despiértate con tiempo y permanece en la cama estirándote y sintiendo tu respiración. Puedes realizar tres respiraciones, cogiendo el aire por la nariz y echándolo por la boca lentamente. Si deseas hacer más, lo puedes hacer, sobre todo si ya tienes práctica en este punto, estaría genial. Recuerda que lo importante es empezar con pocas repeticiones para hacer todos los ejercicios propuestos en el tiempo que tengas disponible antes de empezar tu día. Y hacerlos de forma constante.

4. Siéntate en el borde de tu cama y estírate intentando coger tus pies y di, *"SOY UN SER SANO Y FLEXIBLE"*.

5. Realiza ejercicio unos 10-20 minutos. Cualquier tipo de ejercicio: caminar, yoga, elíptica, correr... Si no conoces nada sobre yoga, no tienes bicicleta estática y estás limitad@ físicamente para hacer grandes carreras; no te preocupes que esto te va a venir muy bien. Realiza una serie de ejercicios que incluyan estiramientos y movimiento de cintura, piernas, brazos, abdominales y cervicales. Te recomiendo que tengas organizada dos pequeñas tablas, que puedas alternar durante la semana a primera hora. No necesitas grandes cosas, pero sería recomendable que movieras varias zonas de tu cuerpo. Empieza con algo sencillo y en series de 15 a 20 repeticiones por cada ejercicio. Si a lo largo del día tienes más tiempo para hacer ejercicio al aire libre o en un gimnasio, estaría muy bien, pero no dejes de realizar esta nueva rutina por la mañana, ya que te ayudará a activar tu cuerpo nada más despertarte.

6. Incorpora, después del ejercicio, tu comunicación interior. Si sabes meditar, es momento de practicarlo, si no sabes cómo se hace, te lo explico en el tema, **Herramientas para activar tus poderes.** Empieza con unos cinco minutos al día si no estás habituad@. Pero si ya lo practicas, 10-20 minutos podría ser el tiempo dedicado a esta práctica.

Te puedes guiar de algún tutorial guiado o simplemente permanecer en silencio sintiendo tu respiración. Otra forma de comunicación, si la prefieres, es hacerlo con tu fuente. Igualmente en silencio, puedes optar por hablar con Dios o con el Ser Supremo en el que tú creas. Cuéntale tus planes para el día que empieza y agradécele, anticipadamente, por su ayuda. No va de pedir, tienes que entregarle tus proyectos o tus miedos con la confianza de que Él hará lo correcto y perfecto para tu bien.

7. Realiza una pequeña lectura que hayas dejado pendiente de un libro que tengas en tu mesilla de noche. Lee unos 5-10 minutos. Una opción, que se usa mucho, es escuchar audio libros o podcasts mientras realizas tareas rutinarias. Mi recomendación es que no lo hagas a esta hora porque si no estarás quitando tu atención a las otras tareas que estés haciendo, hazlo mejor en el tiempo dedicado a leer.

8. Lávate las manos con agua y jabón y luego cepíllate los dientes y la lengua con compuestos naturales libres de sustancias cancerígenas, los puedes conseguir en herbolarios, tiendas ecológicas o farmacias. Todo esto te aportará una sensación reconfortante de frescor e higiene en tu boca para empezar bien tu día.

9. Toma una ducha diaria alternando agua fría y caliente o templada. Esto ayudará a activar tu sistema circulatorio, empieza, si deseas, con unos segundos y, a medida que avanza tu práctica, ve probando a incrementar los segundos.

10 Mírate al espejo, sonríete y di: *SOY UN SER BENDECIDO Y TODO LO QUE VERDADERAMENTE NECESITO LLEGA FACILMENTE A MÍ. GRACIAS, GRACIAS, GRACIAS.*

11. Toma un vaso de agua antes de desayunar. Está demostrado que, el agua, es depurativa y te ayudará a activarte desde el interior.

12. Realiza un desayuno saludable que incluya una pieza de fruta, una bebida vegetal, una proteína, algo de carbohidratos, si puede ser sin gluten mejor, y puedes incluir algo de grasa vegetal, como un aguacate o aceite de oliva o coco, estaría fenomenal.

13. Realiza tus tareas con amor, sé optimista sin dejar de ser sincer@ contigo mism@.

14. Si algo no resulta según tus deseos, se flexible y adáptate a la situación realizando todo lo que dependa de ti.

15. Piensa, actúa y disfruta de todo lo que te sucede y de las personas que llegan hoy a tu vida. Asume tus responsabilidades y actúa desde tu esencia.

16. Finaliza tu día agradeciendo todo lo que viviste y conseguiste. Y planifica lo que deseas conseguir, con tus actos, al día siguiente, imaginándote como te verás cuando ya los hayas conseguido. Cierra los ojos y descansa.

ESCUCHA MÚSICA, BAILA Y CANTA SOL@

Escucha música que te guste, y dedícate todos los días a bailar y/o cantar con y para **tu mejor compañía, tú mism@.**

Lo puedes hacer mientras estás haciendo tareas en casa o como parte del tiempo que tienes programado para realizar ejercicio físico.

Intenta mirarte mientras bailas o cantas, y sonríete. Siente cómo elevas la temperatura de tu cuerpo y observa cómo tu estado de ánimo cambia a un estado placentero. Tus ganas de hacer bien las cosas, aumentan.

Disfruta de ese momento, siente como, tú, puedes generar estados gratificantes que te permiten tu conexión con lo que eres, alegría, calma, seguridad y tu propia motivación.

> **Yo te escogí, yo te sostendré.**
>
> **Isaías, 41**

INTENTAR ESTAR BIEN NO SIEMPRE SE CONSIGUE AL PRIMER INTENTO

A veces, sucede que al escuchar música, al ponerte ritmos alegres, te fijas en las letras de las canciones y estas no son precisamente de ayuda, sino que provocan en ti recuerdos del pasado que quieres olvidar.

Entonces, tendrás dos caminos a elegir: rechazarlas,

cambiándolas por otras y negar que no te afectan, sabiendo que no es cierto, o conectarte con la tristeza, la ira, el rencor, la impotencia que te dan esas canciones y mirar que pasa en ti, permitiéndolas salir.

Si estás en cualquiera de esas emociones, te recomiendo que no contengas esas ganas de hacerlo, llora, enfádate, di todo lo que quisieras decir en ese momento, estas sol@, saca todo el dolor, ira o la impotencia que todavía llevas contigo.

Si dejas salir lo que llevas contenido en tu interior, sentirás como las imágenes que tienes de esa situación pierden fuerza, como si fueras una olla a presión que va perdiendo el calor y va bajando la presión en su interior, la válvula de regulación ha conseguido bajar, ha regresado a su origen, la temperatura y el nivel de calor en el interior de la olla han disminuido.

Así ocurre con los recuerdos que aun te producen sentimientos que no deseas sentir, borra las películas de esa situación. Esto no quiere decir que las olvides, primero tienes que observarlas, mirar que te hacen sentir, y continuar aceptando que son un recuerdo, es parte de tu pasado, el cual ya no existe, pero que te sirvió para conectarte con ese sentimiento que guardabas en tu interior, y que no te dejaba ser tú.

A veces, se cree que olvidar es la mejor arma para no sufrir. No te equivoques queriendo ignorarlo, maquillarlo o disfrazarlo de ideas positivas.

Así, lo único que conseguirás es reprimir ese sentimiento, sin saber que éste irá creciendo dentro de ti, cogerá más fuerza con la única intención de manifestarse.

Déjame decirte, que un olvido desde la no sanación es como una bola de nieve, ante cualquier situación similar traerá ese recuerdo y cada vez que actúes para ocultarlo, lo único que conseguirás es que coja más volumen, como si dieras la orden de que la bola de nieve tuviera más capas, con el único objetivo de que la veas.

De allí que, muchas veces, te preguntes ¿por qué siempre me pasan las mismas cosas? Ahora ya entiendes que se debe a <u>algo que no resolviste</u> y que has querido dejar en el "olvido".

Presta atención a esa situación repetida, mira las posibilidades que tienes para conseguir que la emoción salga. Si no sabes cómo hacerlo, solo mantente atent@ a lo que te sucede, puede que veas la pequeña bola de nieve convertida en una avalancha muy grande que no sepas controlar y que sin desearlo involucre a más gente con tus reacciones.

Intenta mirar tus emociones y haz todo por sanarlas. No importa lo que tengas pendiente sanar, empieza hoy. Cada día, la vida y el universo te regalarán muchas oportunidades, solo mira, escucha, siente y actúa conscientemente.

> **Si nunca fracasaste, es porque nunca intentaste innovar.**
> **Albert Einstein.**

¿CÓMO ME SENTIRÉ SI LO HAGO?

Cuando dejas libre esa emoción/sentimiento que traías contigo del pasado, empiezas a sentirte liger@, más livian@, como si te hubieras quitado un gran peso de encima.

Respirarás con más tranquilidad, sin respiraciones cortadas ni forzadas, sin opresiones en el pecho, el oxígeno llegará a más células de tu cuerpo y es entonces cuando la luz se sentirá en tu cuerpo. El cambio de energía, que has experimentado, se verá.

Recuerda que somos energía, somos cúmulo de luz, "fotones", que en conjunto, forman nuestros cuerpos. Nuestras células producen energía constantemente, "ATP", la que utilizamos en nuestros procesos fisiológicos para mantenernos vivos y sanos.

Esta base científica lo fundamenta todo, la espiritualidad, los campos energéticos, etc. Pero no deseo demostrarlo ni escribir textos científicos como los que estudié en la universidad o los estudios recientes sobre la relación entre ciencia y espiritualidad. Mi intención es hablarte de su aplicación en la vida diaria para que puedas entender, de una manera sencilla, lo que sí es posible conseguir, no solo por base espiritual, sino porque, han tardado muchos años en demostrar cosas que la espiritualidad y la fe sabían. Y que, nuestras inteligencias, se negaban a dar por cierto debido a esa parte humana de la duda y de no creer todo hasta no tener una prueba material de que funciona.

El objetivo es, no seguir atados a situaciones que no permiten elevar la condición humana y que te crean dudas sobre tu inmensa capacidad de creación. Empezarás a sentir que ya no te pertenecen y quedarás más aliviad@ de ese recuerdo.

Tienes que empezar viéndote libre, y por favor no te juzgues, ni te sientas víctima. Solamente siente tu emoción, perdónate y se compasiv@ contigo, ya pasó, e hiciste lo que consideraste que era lo mejor para ti en ese momento. Sabes que tendrás nuevas oportunidades para autosanarte en más cosas, no dudes de que lo conseguirás, pero la única forma de que lo sepas, es superando nuevas situaciones para que veas tus avances.

> *Yo puedo aceptar un fallo. Cuaquiera pude fallar. Pero no puedo aceptar el no intentarlo.*
>
> *Michael Jordan*

ESTO TAMBIÉN ES AUTOSANACIÓN

Los dolores internos se sanan mirándolos con aceptación, entendiendo que son necesarios para hacerte más valios@. Hoy tienes más virtudes que ayer y más libertad en tu interior que te permite avanzar. Agradece ese dolor y entrégalo a la divinidad.

Entrega tu sufrimiento por el dolor físico de otras personas enfermas o que estén pasando por un proceso terminal.

No te castigues preguntándote cómo pasó, o pensando por qué a mí. Piensa, que después de un problema grande o una dificultad dolorosa siempre hay una gran recompensa. Solo debes esperar y confiar en que, aunque no se manifieste instantáneamente, siempre llegas a ver para que ocurrió.

Recuerda que todo en la vida sucede por algo bueno para ti.

Respira profundamente.

Abrázate.

Mira lo grande que eres.

Siéntete amad@ por todo lo que te rodea y tienes.

Disfruta del latir de tu corazón.

Agradece por tener esos, mágicos, impulsos eléctricos en tu cerebro que te están permitiendo entender lo que estás experimentando.

Sonríete frente a un espejo.

No busques excusas para sentirte víctima.

Eres un ser constructor de cada instante de tu realidad.

Debes empezar de cero, y empezar reconstruyéndote, no intentando cambiar a las personas de tu alrededor.

Ahora haz este pequeño ejercicio. Busca una hoja de papel y escribe:

SOY UN SER BENDECIDO

Pégalo con cinta adhesiva en el espejo de tu habitación y repite, la frase, todos los días al levantarte de la cama o en cualquier ocasión que la necesites.

CONOCE EL LENGUAJE DE TUS EMOCIONES

Cada emoción tiene una forma de reacción, es decir, nuestro cuerpo responde de una manera diferente para cada estado emocional. Por ejemplo, cuando tenemos miedo nuestro rostro toma un aspecto pálido, la sangre se dirige hacia las piernas, favoreciendo la huida. Pero también, el cuerpo se queda inmóvil, paralizado por unos segundos, como para pensar si el hecho de esconderse es la mejor solución. También, se produce una descarga hormonal que pone al cuerpo en alerta general, ocasionando inquietud y predisposición a la acción. La atención se centra en evaluar la respuesta más adecuada.

Por otro lado, la tristeza consiste en ayudarnos a reparar una pérdida irreparable. Provoca la disminución de la energía y del entusiasmo para las actividades vitales y cuanto más se profundiza, más se acerca a la depresión, más se enlentece el metabolismo corporal.

Este encierro introspectivo nos brinda la oportunidad de llorar una pérdida o una esperanza frustrada, también se llora por rencor, por ira, por no saber sopesar las consecuencias. Aquí debes respirar y cuando tu energía retorna planificar un nuevo comienzo.

Esta disminución de la energía en la prehistoria, debe haber mantenido tristes y apesadumbrados a los primitivos seres humanos en las proximidades de su hábitat, donde más seguros se encontraban. Permitiéndoles conocer más de cerca sus impulsos.

En la actualidad, las personas, ya no solo actuamos por impulsos, sino que nuestros sentimientos liberan las emociones que pueden mantenernos atadas o no, a una determinada circunstancia. Como dice Goleman, "Quienes se hallan a merced de sus impulsos, adolecen de deficiencia moral, porque la capacidad de controlar los impulsos constituye el fundamento mismo de la voluntad y el carácter"

La forma en la que expresamos nuestras emociones está muy relacionada con nuestra cultura y nuestro grupo social, en el que hemos crecido o nos hemos criado.

Entonces, está en nosotros ser conscientes de lo que sentimos y como reaccionamos para estar a gusto en nuestra realidad.

> **Deja que tú corazón sea la brújula**
> **en el mapa de tu vida.**
>
> **Jeanette**

V

Claves para tu transformación

TU CAMINO AL ÉXITO

Si bien es cierto, todo lo que te explico aquí lo he podido practicar y comprobar, con resultados en mi vida; <u>mi intención no es que actúes sin tener ganas,</u> sino que te sientas motivad@ a emplear alguna de las herramientas que a mí me ha servido y que me hubiese gustado que alguien, que hubiese vivido experiencias de vida similares a la mía, me hubiese podido ayudar al mirar su ejemplo.

Hubiera aprendido a ser más consciente desde la observación como ahora hago, así me hubiera ahorrado muchas lágrimas y sufrimiento.

Pero tuve que aprender a través de desilusiones. No estuve despierta. Tuve que aprender a través de mis accidentes, de mis dolores físicos, de mis malos tratos.

No había nadie a mi alrededor que marcará la diferencia. No sabía dónde buscar, lo veía todo muy alejado de mí, muy irreal. Hasta que la vida me demostró que había mucha información sobre estos temas, solo que yo no había visto ese camino.

Cuando tuve el último accidente, el universo me puso delante muchos libros que explicaban la sanación interior, la física cuántica, la espiritualidad y su diferencia con la religión, etc.

Me había estado preparando para el momento, pero yo no lo veía. No sabía de historias que me llegarían y que me harían sentir que era una más. Hasta que pude conectar con historias personales, historias de vida donde me vi reflejada, supe de gente como yo, que había pasado abusos, que había pasado y tolerado violencias, que se habían sentido víctimas como yo.

Entonces desperté y vi que sí se podía empezar una nueva vida y llegar a ser exitos@.

Lo que no me creía era que todo estaba en mis manos. El secreto estaba en no dar poder a nadie. Era consciente de que yo tenía el control, pero tenía que poner acción. No se puede dejar la vida al destino, a la suerte, al viento, al tiempo… El tiempo, solamente se encarga de seguir su ritmo. Cada uno de nosotros debemos tomar acción para que se cumplan, en nuestras vidas, las leyes universales que rigen este planeta.

El camino a tú éxito empieza hoy, tu marcas tu propio ritmo. Pero el solo hecho de despertar y avanzar en tu vida, te está dando el éxito presente. No pienses que el éxito es inalcanzable, cada día que pasa y que realizas algo nuevo para avanzar y te sientes pleno, feliz, considerando el bien de la humanidad estás asegurando un camino hacia tu éxito.

> **Las personas de logro, raramente se sientan y dejan que pasen las cosas. Van afuera y hacen que pasen las cosas.**
> **Leonardo da Vinci.**

ESCUCHA TUS PENSAMIENTOS, SI NO HABLARÁ TU CUERPO

Escucha lo que te dices a diario no solo con tus palabras, sino con tus pensamientos porque si no lo haces, terminarán manifestándose en tu cuerpo, planifica tu día para tener unos minutos de atención con él, permítete entender lo que te está diciendo.

Esto que te puede parecer una cosa rara, lleva mucho de cierto, yo lo probé y es realmente gratificante. Escuchar la parte de tu cuerpo que te está hablando, es magia y ésta se manifiesta para dejar ir una tensión, un enfado o un gran dolor, todo aparece para que dejes de pasar por alto una situación que llevas tiempo postergando. Puede ser el hablar de algo, o tomar una decisión y realizarla sin más demora. Debes darte el permiso de liberar todo aquello que no te hace bien. Es la oportunidad de evitarte un daño mayor.

Se sabe que muchas enfermedades digestivas como úlceras gástricas, gastritis, reflujos, hernias de hiato se deben a que no se ha procesado un enfado, o no se supo digerir una situación que nos provocó ira, dejándola en nuestro interior. Aquí lo mejor es mirar la situación, esa situación que tuvimos hace unas semanas atrás o un mes atrás antes de tener ese malestar, identificarla y reconocer que es tuya, la responsabilidad de cómo gestionaste esa emoción/ sentimiento. Si decides hablar sobre ella, estarás liberando y quitando una carga emocional a tu cuerpo. Cuando lo resuelvas, lo notarás, verás como tu salud mejora. Lo mismo sucede con cualquier otra emoción no resuelta y cuyos pensamientos acerca de ella te rondan y ocasionan síntomas en tu cuerpo que pocos médicos pueden sanar, si tú antes no las has tenido en cuenta, no has sido consciente de ella.

De hoy en adelante, presta atención a cada molestia física de tu cuerpo, ya sabes que él siempre te habla, y desea que intentes liberar esos pensamientos antes de que se manifiesten en tu cuerpo como la prueba que necesitas resolverlos.

VI
Cosechando tu autosanación

TERAPIAS DE AMOR ALTERNATIVAS
1. Imposición de manos

Me encontraba en la habitación de aquél hospital especializado de la capital, esperando que nos dijeran la fecha y la hora de la resonancia magnética que confirmara las zonas comprometidas de su cerebro que había que operar.

Mientras él dormía, yo leía, en una silla junto a su cama, un pequeño libro de oraciones. Llegó, de pronto, un grupo de personas junto a Mary, la madre de mi tía que vivía en la capital. Ella me explicó que venían a orar por la salud de mi padre.

En ese momento, mi padre abrió los ojos, miró a las personas que estaba allí, me miró como preguntándome qué pasaba; entonces le expliqué el propósito de esas personas en la sala. Mi padre, que siempre fue creyente y nunca perdió la fe en Dios, dio su consentimiento para esa oración.

De pronto, observé como esas 8 personas se disponían alrededor de la cama de mi padre y extendían sus manos sobre su cabeza, haciendo un círculo con sus manos.

Mi padre cerró los ojos y permaneció así durante todo ese tiempo. Yo, en silencio, acompañaba mentalmente esa oración. Cuando terminaron, se despidieron cogiéndole las manos a mi padre y a mí me dieron un abrazo.

No sé cuánto tiempo duró todo, quizá entre 15-30 minutos, no sabría precisar con exactitud.

Mi padre y yo nos miramos y quedamos en silencio. Al cabo de unos minutos le dije, -Siento mucha paz-, Él, que hablaba poco, me dijo, -Yo también-.

Al poco rato, llego mi madre a pasar el resto de la tarde. Antes de irme, le contamos lo que había pasado. Ella, que se quedaba, junto conmigo, en la casa de la hija de Mary, la señora que había venido a hacer la imposición de manos a mi padre, nos dijo que esa idea la tuvo Flor, mi tía de cariño, que nos acogía en su casa a mi madre y a mí, durante el tiempo que duraba el tratamiento de mi padre.

Me marché a casa de mi tía a ducharme, cambiarme de ropa, cenar algo ligero y regresar a pasar la noche junto a mi padre.

Cuando llegué, mi padre ya había cenado. Estaba deseoso de que llegara el día siguiente. Vendrían a por nosotros, a las 4-5 de la mañana, para llevarnos a realizar la, tan ansiada, resonancia.

Entonces, decidimos dormir pronto esa noche. Sin saber la hora que era, mi padre se despertó, y yo, al sentirle, le pregunté si necesitaba algo. Él me dijo, -He tenido un sueño hija. He visto una mariposa gris que se posaba en mi frente, en mi entrecejo, y se ha ido llevándose algo. Cuando he querido cogerla, ha despegado su vuelo, se fue sin saber dónde, me pareció al vacío. Me he quedado, intentando ver por dónde se iba, porque aquí está todo cerrado, pero no sé cómo lo ha hecho, se fue, ha desaparecido. Luego he abierto los ojos y te he visto a ti. Entonces he visto que era un sueño, pero era muy real-.

Yo lo miré y le dije, sin saber mucho sobre interpretación de sueños, -Papito, verás que todo saldrá bien en esa resonancia-.

Vinieron a por nosotros y nos llevaron en ambulancia hasta el centro de Lima, la capital de mi país de origen. Después de la prueba, el técnico salió a decirme que el resultado me lo daría el médico en el hospital. Pero yo le pregunté, -¿Cómo lo ve?, ¿cómo ve el tumor?-.

Él me preguntó, -¡¿Tumor?!- Y se quedó sorprendido. No me dijo más. Yo entonces le volví a comentar -Sí, el que le extirparán pronto. Venimos aquí para saber si está localizado o ¿no?- Entonces él me dijo, -No lo veo mal. Pero ya se encargará de explicárselo el doctor que lo lleva-. Le di las gracias y prepararon a mi padre rápidamente, en la camilla, para volver nuevamente al hospital de tercer nivel en que se encontraba ingresado.

En la ambulancia, mi padre me preguntó, -¿Qué te han dicho hijita?-. Yo le dije -Ven la cosa bien. El doctor ya nos contará más-.

Pasaron unos días hasta que llegó el informe de la resonancia. Hasta entonces, mi padre iba recuperando la movilidad en su lado derecho, ya podía hablar mejor, su cara iba teniendo la misma forma simétrica que antes de todo esto.

Empezamos a entenderle cuando hablaba, empezó a coger

la cuchara sin que se le cayese nada, empezó a mejorar poco a poco.

Todos pensábamos que por fin la medicación estaba haciendo efecto y pronto, el tumor cerebral, que nos dijeron que tenía cuando lo hallaron en las pruebas que le hicieron en mi ciudad y en la capital, estaría siendo controlado.

Aunque nos trajeron en avión desde Trujillo, mi ciudad de origen, a la capital, por la gravedad del cuadro de mi padre y el diagnóstico que me dieron no era muy alentador, me hablaron de un posible cáncer cerebral con sus respectivas consecuencias, lo cierto es que, aun con mucho miedo, no perdimos la fe.

La mañana que llegó el neurocirujano a darnos los resultados de la resonancia, nos quedamos paralizados de lo que nos dijo, -Don Aurelio, el tumor ha desaparecido, quizá nos equivocamos en el diagnóstico. Le seguiremos haciendo más pruebas, seguirá aquí en observación y cuando hayamos determinado qué le ha pasado y veamos que sigue evolucionando bien, le daremos el alta y podrá marcharse a su ciudad-.

Mi padre y yo teníamos tanta felicidad que nos abrazamos y lloramos juntos, estábamos seguros que **era un milagro.**

Al cabo de unas semanas, le dieron el alta. No hubo diagnóstico definido.

El volvió a su ciudad, junto con mi madre, y, con más fe que antes, continuó con sus planes ya establecidos. Pero incorporó otras acciones que le harían expandir el amor que *había recibido de ese Ser Superior. Él le llama Dios, tú le puedes llamar energía, universo... no importa el nombre, lo que debe importar es, que somos seres poderosos y que si actuamos alineados con la fuente, veremos milagros.*

Al poco tiempo, terminó su doctorado en educación con más de 55 años. Y a día de hoy, sigue sin ningún problema cerebral. Cambió algunos hábitos para seguir siendo un ser bendecido y expandir el mensaje que recibió.

> **Esta vida tiene muchos caminos para que tú recibas ayuda, solo tienes que estar consciente, tener fe y agradecer.**
>
> **Jeanette**

Deseo ayudarte a que, si no conoces esos caminos, confíes en tu visión y empieces pronto a caminar por ellos para disfrutarlos.

2. Acupuntura

Me encontraba muy inquieta, buscando tratamientos para recuperar rápidamente mi salud, me negaba a aceptar el diagnóstico que me había dado el traumatólogo cuando vio mi pie.

Habían pasado dos meses del accidente cuando la palabra, que definía lo que tenía en mi pie, llegó a mis oídos.

Estaba siguiendo todas las recomendaciones que me daban, tomaba los antiinflamatorios naturales que necesitaba y hacia la rehabilitación indicada. Aun así, mi pie mejoraba muy lentamente.

Todavía caminaba con las dos muletas cuando acudí a la siguiente revisión. La expresión en la cara del traumatólogo de la compañía de seguros de coches, cuando vio mi pie, hacía suponer lo que luego dijo, -Esto no va bien, estás haciendo un Südeck-. Yo sorprendida pregunté, -¿Eso qué es?, él me lo explicó someramente, lo que entendí fue que mi circulación sanguínea no iba bien en esa zona de mi pie, tampoco mis músculos, ligamentos y tendones y mi hueso, había empezado a perder masa ósea. Cambió el tratamiento de la rehabilitación y me dio una nueva cita de control.

Al salir de la consulta me dirigí a la sala de rehabilitación, dentro del mismo centro, el fisioterapeuta leyó la indicación y también puso una cara que no me gustó y dijo -¡Un Südeck!-, le pregunté también, -¿Eso qué significa?-. Él me respondió -Se ha complicado tu esguince, el impacto fue muy fuerte y no va bien la irrigación sanguínea en esa zona, es serio, pero veremos qué hacemos. Bueno ya empezamos mañana la nueva pauta-. Me quedé inquieta.

Al salir del centro, mi acompañante tenía la misma cara de ignorancia, sobre ese tema, que yo. Mientras nos dirigíamos a casa, pensé en mi fisioterapeuta de confianza, un joven de origen brasileño, que en anteriores ocasiones me había ayudado a recuperar favorablemente mi salud muscular.

Cuando llegamos a casa, lo llamé y le pedí que me explicara que era ese síndrome que estaba dejando caras desagradables en los que me trataban. También le escribí un mensaje a un conocido que, por esa época, seguía en redes sociales. Ambos del mismo gremio. Los dos me dijeron lo que estaba pasando con mi pie.

Se trataba de un síndrome en el que, si no se actuaba a tiempo, podía dejar sin o con muy poca fuerza muscular la zona, con una grave consecuencia para mi movilidad. Les pedí ayuda pero ninguno me podía tratar personalmente porque no se encontraban, en ese momento, en Madrid.

Ante esto, tomé la decisión de decirme que eso no era cierto, que lo único que yo tenía era un gran proceso inflamatorio, que lograría recuperarme con personas especializadas. Y empecé a buscar alternativas de sanación.

Buscando información sobre tratamientos, recibí la llamada de una de mis amigas, quien, desde el momento en el que se enteró de mi accidente, estaba dispuesta a venir a calmarme el dolor con una técnica ancestral china que practicaba desde hacía varios años y que le había permitido ayudar a su familia, a ella misma y a otras personas más.

Pero en esos momentos, recién ocurrido el accidente, tenía mucho dolor por todo el cuerpo, lo que menos me apetecía sentir era, el más mínimo roce en mi piel.

Entonces la llamé, le informe de mi estado y al día siguiente vino a ayudarme. Cuando me vio no podía creer como tenía el pie, estaba muy hinchado, como si tuviera una bota puesta y todavía mantenía un color morado en la zona externa del tobillo y en la cara interna aparecía un pequeño difuminado de tonos morados, malvas, rosas y amarillos.

Cuando alguien que me visitaba se asombraba del colorido de mi pie, yo sonreía y decía, -Tengo un arcoiris en el pie, esto es un lujo-.

Empecé a ser tratada todas las semanas, durante un mes, con sus agujas de acupuntura china, hasta que hicimos una pausa en las vacaciones.

El poder de conocer que somos cuerpos recorridos por miles de canales de energía y aceptar que, a veces, pueden haber bloqueos en ellos, permite a la persona que ha estudiado estos canales, saber en qué punto, de ese mapa energético, hay que poner una aguja para liberar esa energía que está afectando a nuestra salud.

Si bien es cierto, por lo que anteriormente explico, somos como una red viviente de circuitos eléctricos que funcionamos en concordancia con lo que sentimos. Por lo que, nuevamente hay que tener en cuenta a nuestras emociones y sentimientos en este mapa.

Nuestra parte mental, emocional y espiritual tiene vital importancia y su sanación podrá facilitar el estado de sanación consciente que una persona pueda manifestar, siempre y cuando esté abierta a que se dé el proceso, sin miedos ni dudas, solo confiando en que se dará para su mayor bienestar.

Con esta base, fundamentada en la medicina china, la cual

no es aceptada por nuestra sociedad médica, considerándola una disciplina que no tiene rigor científico, yo conseguí reducir mi inflamación y, en consecuencia, el dolor y la movilidad en mi pie.

Durante ese tiempo, la inflamación disminuyó y fui recuperando movilidad. Cada día comprobaba que iba mejorando.

Cuando acudí al control del traumatólogo, me dijo, -Esto va mejor, parece que se va recuperando la cosa-. Recuerdo que, ese día, iba con ganas de contarle todo lo que la acupuntura había logrado en mi pie. Pero antes de entrar a la consulta, la secretaria me saludó y al comentarme lo bien que me veía, le dije, -Sí voy mucho mejor, pero es que también me están tratando con acupuntura-, ella me sonrió y me dijo, -No le digas eso al doctor, ya sabes que ellos no creen en esas cosas-. Me quedé callada y guardé mi gran descubrimiento.

Al mes siguiente, conseguí, aunque con dificultad, caminar solo con una muleta y al poco tiempo lo hice sin muleta alguna. Aunque cojeaba, me sentía mucho mejor. A los tres meses de recibir rehabilitación e ir mejorando, junto con la acupuntura, el traumatólogo me dio el alta. Yo me quedé sorprendida, ya que sentía que todavía quedaba por fortalecer varias zonas en mi pie y mi rodilla.

Todavía sentía mucho dolor cuando intentaba caminar más de 20 minutos seguidos. Nunca nadie lo supo porque no me quejé, todo lo liberaba respirando y repitiéndome una frase que me había inventado y la había hecho un mantra: "cada día mejoro más y más y más".

A mediados de Agosto, empecé a buscar a otro traumatólogo que me valorara y pautara más rehabilitación, la cual yo estaba convencida que sería poco tiempo y que me permitiría retomar mi vida igual como lo era antes del accidente. En la que hacía senderismo, iba a clases de baile, y realizaba ejercicios físicos dos veces por semana entre otras cosas.

Entonces, me hice de una sociedad médica privada. Solicité cita con un traumatólogo y una médica rehabilitadora. Pronto me valoró una médica rehabilitadora que, al verme bien físicamente, me dijo que todo era cuestión de tiempo, que el golpe que había recibido había sido muy fuerte y que me llevaría un tiempo más recuperarme.

Me recomendó andar mucho. Le dije, -A mí me encanta andar y deseo incorporarme a trabajar el próximo mes (octubre) -. Ella me dijo, -Pues camine, y los dolores del cuello, hombro y todo lo que se refiere irán pasando con el tiempo-. No consideró mandarme rehabilitación para mi pie y sí para mis cervicales.

Yo salí de allí más animada y convencida de que, todo, estaba otra vez en mis manos, y si todo mejoraría caminando, lo iba hacer, ya que deseaba conseguir mi recuperación.

Al día siguiente fui a andar una hora muy cerca de casa. Pero cuando estaba regresando a casa, el pie me dolía mucho, el dolor iba desde el pie a la cadera. Cuando me descalcé tenía el pie muy hinchado y enrojecido, y al intentar incorporarme sentí una gran molestia, también en mis caderas lo que limitó mi movilidad a partir de ese día.

Al día siguiente tenía cita con un traumatólogo privado. Había pensado que me diera una segunda opinión después de mi alta. En un principio pensaba no ir porque creía que, con la indicación de la médica rehabilitadora, no me haría falta. Pero al encontrarme mal acudí a la cita.

Cuando entré en la consulta, encontré al mismo doctor que me había valorado desde el inicio, en mi accidente. Entonces me alegré y pensé que me ayudaría. Sin embargo, no fue así.

A pesar de ver lo mal que estaba mi pie, me dijo que no podía indicarme nada porque ya me habían dado el alta y que debería tramitarlo todo con un perito, porque, eso, eran secuelas del accidente.

Le pregunté si podía recomendarme algo que hacer para mejorar ese estado de inmovilidad y dolor de mi pie, a lo que me dijo, -Lo mejor es que te busques un perito y él te dirá que hacer-.

Me quedé desilusionada, sentí que me dejaban en el aire. Algo no iba bien, pero nadie se disponía a solucionarlo. Entonces, llamé a mi abogada y le conté lo sucedido, me recomendó acudir a un hospital de urgencias. Llamé un taxi y fui al hospital de la seguridad social, el mismo donde me llevaron el día del accidente.

Llegué por urgencias y esperé a que me llamaran, aqui tuve otra sorpresa, el médico que me atendía era el mismo que me atendió el día del accidente.

Al pasar a la sala de exploración, cuando se disponía a seguir preguntándome sobre mi molestia, le dije, -doctor usted me escayoló el día de mi accidente y regresé a la semana por mucho dolor en mi pie. Me hicieron una prueba con contrastes de yodo, ese mismo día, pero nunca me dieron los resultados.

Él me dijo, -Tu historial me parecía conocido, pero claro, tu cara ha cambiado desde ese día, hija-. Entonces revisó todos los informes, y me preguntó, -¿No te dieron el resultado de la gammagrafía el día que te la hicieron?-, le contesté que no. Se acercó a examinarme, cada exploración que hacía en mi pie dolía mucho y mandó una radiografía urgente y una resonancia magnética muy preferente.

El resultado de la radiografía no era muy claro pero hacía sospechar una fractura. Me mandó para casa recomendándome no forzar el pie, intentar seguir con analgésicos y antiinflamatorios hasta la cita del traumatólogo, quien tendría el resultado de la resonancia.

Durante este tiempo, tuve la ayuda de mi amiga, que seguía pinchándome con sus mágicas agujas.

La inflamación fue disminuyendo igual que el dolor, ya solo esperaba la cita con el resultado de la resonancia. El diagnóstico llegó un 29 de setiembre y allí se vio que la causa, de mi no mejoría, eran dos fracturas en dos huesos del pie, las que al parecer no vieron claramente en la gammagrafía.

Cuando me lo dijeron, dije, -Ahora entiendo porque cuando flexiono el pie, en determinada posición al andar, siento que algo se me clava y me limita seguir andando-. El médico me miró y me indicó ser valorada por un médico rehabilitador y tener un posterior control con un traumatólogo.

Después de la cita con la médica rehabilitadora, que indicó sesiones de rehabilitación y observó que ya no quedaba casi rastros del Südeck, dijo –Si no fuera por las radiografías y resonancias, en su pie no se vería que tuvo un Südeck-.

Empecé la rehabilitación, por primera vez en la seguridad social, a los 9 meses del día del accidente. Sin embargo, esas sesiones consiguieron que tuviera más flexibilidad y fuerza en mi pisada.

Actualmente, ya no recibo sesiones ni de acupuntura, ni de rehabilitación y aunque me queda pendiente solo una radiografía de control, por mi parte, me toca seguir trabajando los ejercicios que aprendí en este último mes. Me dijeron que, lo mío, tenía que haberse operado el día en el que se observaron las fracturas en la gammagrafía.

Ahora sé que lo importante ha sido todo lo que busqué en el camino a mi recuperación. La motivación, el esfuerzo y la perspectiva que tuve en mi proceso fueron parte de mi recuperación, al igual que la alimentación y medicación natural que fui tomando.

Mantenerme abierta, a más de una solución clásica, es lo que hoy me ha permitido andar mejor, bailar y recorrer distancias de hasta ocho kilómetros en un día.

Para mi alma he recorrido, en estos diez meses, una maratón de fe, paz y compasión conmigo y con las personas que han llegado a mí. Confié, busqué, pedí y llegó.

> **Estaba yo en el vientre y el Señor me llamó; en las entrañas maternas y pronunció mi nombre.**
>
> **Isaías ,49.**

3. Campos energéticos

Recuerdo, claramente, aquella tarde, en la que iba paseando de la mano de mi madre, cuando apareció aquella señora, amiga de mamá a la que, después de saludarla con un beso en la mejilla, mi madre me obligó a cogerle la mano y continuar así todo el recorrido hasta la plaza mayor de mi ciudad. No sé cuánto tiempo transcurrió pero recuerdo, claramente, que no iba a gusto.

Cuando, finalmente, ella se despidió de nosotras con otro beso, mi madre me dijo que tenía que ser más cariñosa con las amistades.

A pesar de tener cuatro años recuerdo haberle dicho a mi madre, -Esa señora no me gusta-. Sin embargo, era la primera vez que la veía, no recuerdo su cara ahora, solamente recuerdo ese instante desagradable que pasé mientras ella me sujetaba de la mano y continuamos nuestro camino hacia el destino que mi madre había señalado, el que hice sin pronunciar palabra.

Cuando volvimos a casa, yo me sentí muy rara, me dolía la cabeza y sentía ganas de devolver. Finalmente, me puse malita, comencé a vomitar mucho, no tenía ganas de comer y tenía muchas ganas de dormir.

Mi madre me llevó al médico, que me recetó una medicación que no pude tolerar, debido a los vómitos constantes que tenía.

Mi madre, preocupada después del fin de semana, en su trabajo, tuvo una reunión con los padres de familia de su clase. Cuando terminó, una madre la notó preocupada, se le acercó y le preguntó, -¿Qué le pasa señorita, porque tiene esa cara de preocupación?- Ella respondió, -Es mi niña, que la tengo malita, lleva así dos días, no tiene ganas de comer, solo duerme mucho-. La señora le dijo, -Déjeme un momento ver cómo organizo a mis niños y si usted gusta yo le puedo curar a su niña-. Mi madre aceptó el ofrecimiento y la llevó a mi casa para que me sanara.

Se presentó junto a mi madre en mi habitación, yo estaba tumbada en mi cama. Mi madre me dejo a solas con ella. Ella me saludó, recuerdo vagamente su imagen, era una mujer joven con una vestimenta de la región andina, se sentó en frente mío, me ayudó a sentarme en el borde de la cama y me hizo un ritual en silencio.

Me pasó un huevo por la cabeza, brazos, pecho, tripa y

piernas. Luego partió el huevo en un barreño y me hizo batirlos con mis manos y mis pies. Después, me limpió con una toalla y, con otra toalla grande, me envolvió y me dejó acostada nuevamente en mi cama.

Abrió la puerta de mi habitación y le dijo a mi madre que me dejara dormir.

Cuando desperté me encontraba diferente, tenía ganas de comer, me encontraba con la camiseta mojada de haber sudado, me levanté de la cama y fui a ver a mis padres al salón. Cuando me vieron, se sorprendieron y me abrazaron muy contentos. Yo estaba tranquila, como antes.

La pregunta fue una "¿Qué había pasado aquí?". Pero, nunca, nadie me explicó nada de lo ocurrido. Lo entendería al cabo de muchos años, cuando leí sobre los campos energéticos.

Aunque han existido siempre, y refiere la información que leía que son siete, estos campos energéticos se encuentran en continua vibración ya que somos energía.

Como energía en movimiento que somos, cuando, estos, reciben una carga negativa sufren una despolarización de su carga, y esto ocasiona que se manifieste a través de algunos síntomas o enfermedades físicas, como lo que me ocurrió de pequeña.

Es decir que mi campo energético se vio afectado por una gran carga negativa, y logré sacar esa carga a través de un cuerpo que la absorbió (el huevo). Por otro lado, debo comentar que los niños tienen los canales de conexión a la energía más abiertos que los adultos en sus manos, por lo que están más predispuestos a sentir la carga energética que tiene un adulto. Generalmente cuando yo era pequeña había mucha desinformación en los mayores sobre ese tema por lo que no se tomaba en cuenta la opinión de los más pequeños. Por eso escribo esta historia con la finalidad de ver que es real y que más de una norma de urbanidad podría modificarse cuando un@ niñ@ sienta que algo no le hace bien.

También quiero que se observe como hay otras prácticas paralelas a nuestras prácticas habituales de sanación, curación o tratamientos de las enfermedades que hacen mucho bien.

Con mi historia quiero abrir un paso a nuestros pensamientos y a estas creencias. En nuestras prácticas habituales de sanación, de curación, de tratamiento de las enfermedades… No quiero decir, con esto, que esté mal usar un determinado tipo de medicina o de tratamiento convencional, sino que hay muchas prácticas ancestrales, en diversas culturas del mundo, que mientras llegaba el avance científico y tecnológico de la medicina, han podido salvar vidas y aún se mantienen en pie en algunas culturas donde se cree en ellas.

Aun así, en nuestra sociedad moderna todavía hemos tenido la suerte de que puedan llegar, estas prácticas, gracias al gran proceso de inmigración que han sufrido los continentes, consiguiendo de esta forma complementar o potenciar lo que tradicionalmente conocemos.

Te lo menciono para que lo tomes en cuenta si te encuentras en un camino difícil, en un camino poco conocido pero tienes curiosidad por buscar alguna salida diferente que te lleve a mejorar. Somos energía, estamos conformados por átomos, no podemos ocultar nuestra esencia. Abre tu visión si estás en búsqueda de tu sanación.

En muchas culturas indígenas, donde el avance de la industria farmacológica no llegaba, se ha reportado, por numerosas investigaciones, que realizaban ciertas prácticas o rituales utilizando elementos de la naturaleza, que les permitían la sanación de los males que tenía su población. Ellos se dedicaron a investigar las propiedades curativas de miles de plantas, que usan de forma pura, así como, también, ciertos elementos que son usados en la alimentación. Pero, en el caso de curar, pueden ser usados de manera externa.

Usando las propiedades curativas de las plantas de su entorno y la práctica de rituales, en la curación de enfermedades, estas personas siguen utilizando estos elementos que se repiten en varias culturas ancestrales y que se ha comprobado que son elementos que limpian los campos energéticos o el aura, para algunos. Dichos elementos no han sido manipulados por el hombre en su fabricación y atraen la energía negativa de los cuerpos y liberan el campo energético de la persona que tiene algún síntoma o enfermedad, dando como resultado una persona más tranquila y que recupera su bienestar bio-psico-social.

Esto no quiere decir que todo lo resuelvan así, pero también existen las operaciones que realizan algunas personas, que manejan determinados campos, que operan sin necesidad de bisturí.

Aun así, esto en nuestra sociedad está mal visto, es impensable y muchas veces está vetado hasta de ser expresado. Porque, como personas que vivimos ejerciendo nuestro libre albedrío, también pueden existir los falsos sanadores y de allí que no sea bien aceptada esta práctica o, simplemente, porque esos sanadores se encuentran muy lejos de nosotros y no tenemos pruebas cercanas que nos aquieten nuestra incredulidad, por lo que nos conformamos con lo que tenemos a nuestro alcance.

Pues bien, basándome en este supuesto, que no tenemos a esos sanadores en nuestro medio, quiero comentarte que elementos usan esas personas para sanar, algunos síntomas menores, a sus habitantes. Como un niño que llora mucho y no sabemos porque lo hace, una persona que ha tenido un mal día y le duele el estómago o la cabeza, o tiene la frente caliente, fiebre, o está muy cansad@ y sin ganas de hacer nada. Pues esos elementos son el huevo fresco, las limas (limón) y la sal mayormente; aunque también usan otras cosas más.

Sé de prácticas que experimenté cuando fui niña, por mi cultura, y que, milagrosamente, nos mejoraba a los niños y jóvenes de nuestra familia, por eso después de haber leído varios libros sobre el tema, quiero explicar el fundamento de estos tres elementos en el equilibrio de los campos energéticos.

Si te has dado cuenta, una proviene de los animales, la otra de las plantas y la última de los minerales. Es decir son sustancias puras que recibimos directamente de la naturaleza.

Estos elementos, al encontrarse en estado puro sin procesos industriales, poseen un poder grande de absorción de aquella energía que podríamos llamar negativa o tóxica. Con esto, quiero decir que según vibremos estaremos libres de energía tóxica o seremos susceptibles de recibir energía buena.

Cuando recibimos energía no buena, de primera instancia no siempre lo sabemos, pero nuestro cuerpo si lo sabe y se encarga de hablarnos. De allí la importancia de escucharle y conocer estas cuestiones antes de optar por otra opción más clásica o rutinaria. También es sabido que el agua es un elemento depurativo, es más, nos lo recomiendan para mantener un estilo de vida saludable. Pues bien, aquí también quiero hacer una anotación.

El agua también te sirve para limpiar tu aura, puedes poner un vaso de agua en la entrada de tu casa e ir cambiándola las veces que tú creas que lo debes hacer. También puedes darte una ducha con agua templada, cuando te sientas cansad@ o que has tenido un mal día, te ayudará a llevarse esa energía que no necesitas. Otro elemento que deseo que uses de manera diferente, al de mezclarlo con los alimentos, es la sal. Si te sientes muy cansad@ o con tristeza, dudas, miedos o ira, incorpora a tu ducha sal gorda, como si te estuvieras realizando una exfoliación de tu cuerpo, aquí no tienes que ser escas@, pasa sal por todo tu cuerpo, con cuidado de no hacerte daño en las zonas más sensibles y no en la cara. Verás como todo vuelve a estar más en calma para ti.

Tener unas limas en tu casa como parte de la decoración, te permitirán atrapar la energía que se mueve en tu hogar, energía que pueden traer las personas que llegan a tu casa o que simplemente traen los miembros de tu familia, después de haber realizado sus rutinas diarias. Podrás mantener un aura limpia si cambias regularmente estas limas cuando se transforman de verdes a amarillas o casi negras. Puedes incluso comprobar que si te pasas un limón por tu cabeza y/o lo mantienes un buen rato, entre tus manos, o va de una a otra, y luego lo dejas en reposo, de un día para otro, verás la diferencia con el otro limón que no usaste y que puede estar en tu cocina, verás claramente la diferencia cuando te has sentido muy cansad@, enfadad@ o desesperad@. Pruébalo y verás el resultado.

Algo parecido ocurre cuando se pasa un huevo de gallina por la cabeza y/o cuerpo de un niño o una persona. Aquí, la prueba de que ha absorbido la energía negativa de su cuerpo, aquella que no necesita y está causando ciertos síntomas, es cuando después del ritual abres el huevo por la mitad y lo pones en medio vaso de agua fresca, es aquí cuando se puede ver como la clara no está líquida, sino que por el contrario, el huevo está medio cocido como se lo hubiesen pasado por fuego. Y los síntomas de los niños o adultos mejoran.

Existen muchas más prácticas y rituales que usan las tribus indígenas de todo el mundo y que les siguen permitiendo sobrevivir aunque, algunas de ellas, continúan en el interior de sus continentes, aisladas de la modernidad.

Con esto, lo único que intento es hacerte llegar unos conocimientos basados en mi experiencia y experimentados por miles de personas en estos continentes, que demuestran que hay otra alternativa que puedes probar para calmar algún síntoma o problema emocional y que te ayudará a mantener el equilibrio y la limpieza de tus campos energéticos, los cuales, la ciencia ha demostrado que tenemos y que, estas tribus sanadoras, sin estudiarlos metodológicamente, lo vienen experimentando y manifestando como sanación en sus habitantes.

4. Reiki

Otra forma de sanación no convencional, también es la que se conoce como Reiki, esta práctica de origen japonés, que incorpora prácticas tibetanas y conceptos sobre los chakras de los Vedas, mezclando información de los chinos y de los indios. Consiste en limpiar tus campos energéticos. Es una terapia donde se usan las manos, poniéndolas en determinadas zonas del cuerpo, las que están relacionadas con cada uno los 7 centros energéticos (chakras) que se encuentran en el cuerpo humano. Esta práctica alternativa limpia uno a uno estos centros, los que se visualizan con determinados colores, como los del arcoíris por la persona que está recibiéndola o por la persona que lo da.

Desde un campo no físico se observa como esa energía se desbloquea en la persona que recibe terapia y le produce mejoría de sus síntomas físicos, siempre teniendo en cuenta que es muy importante que la persona que recibe Reiki, haya deseado ser sanada , solo así ella entenderá que procesos en su interior debe realizar desde la humildad y el deseo de manifestar su paz interior.

5. Canalización

Se llama así a la forma en que algunas personas sirven de canal entre este plano y un Ser Superior y nos manifiestan, los mensajes que le llegan de Él. El mensaje puede ser expresado en forma oral o en forma escrita. Un ejemplo claro de canalización fue el que recibieron los tres pastorcitos de la Virgen de Fátima donde solo ellos pudieron verla y escuchar lo que dijo.

Debo decirte que todos somos canales de luz solo que algunas personas han desbloqueado su apertura, han dicho sí a recibir esa información o simplemente han sido elegidos por su fe. También están aquí las personas que se convierten en canales después de haber despertado por un hecho importante generalmente doloroso en su vida. La literatura dice, que hay que contar siempre con las ganas y la aprobación de que esa persona que ha decidido ser un guía y estar en contacto y comunicación con ese Ser Superior en el que cree. De allí, le viene esa nueva información para compartir con el mundo.

Está en cada uno de nosotros el creer o no en esos mensajes.

Mensaje:

No dejes de confiar y si te pierdes pide ayuda… Estoy para ayudarte, soy tu padre y eres parte mía, eres parte de este maravilloso universo, eres mi magnífica creación. Descubre tu poder interior, tienes muchos dones, libérate de todo lo que dicen de ti, que no eres, de culpas que te han impuesto y tú has aceptado, libérate de tus autocríticas y juicios también. Es hora de que empieces a amarte y a ser feliz. Nunca es tarde para reconstruirte. Nadie, mejor que tú, puede ayudarte a seguir descubriendo el inmenso amor que llevas dentro. Por favor, empieza ya.

UTILIZA TUS PODERES

Todos tenemos poderes. A esta altura de la lectura, espero que estés de acuerdo en lo que te estoy diciendo. Nuestros poderes se confirman cuando sales de una situación que te ha preocupado y puedes mirar atrás y ver que la resolviste a pesar de tus miedos o inseguridades. Quizá el resultado no fue el que esperabas, pero actuaste, venciste eso que era según tus ojos, tan grande y/o pesado que te impedía actuar.

Algo pasó, dentro de ti, que hizo que actuaras y no postergaras más, no dilataras más el tiempo. Quiero que entiendas que posiblemente actuaste porque de tu acción dependía el bien de otras personas o porque deseabas dejar de ponerte en último lugar y, por fin, decidiste escucharte y hacer algo por tu bien.

Lo que quiero que entiendas, es que todo lo has conseguido porque tuviste una motivación, ese miedo o ese sufrimiento fue lo que te impulsó a actuar. Da lo mismo lo que hayas hecho, no emitas ningún juicio en contra tuyo, diciéndote algo como, "**cualquiera lo hubiera podido hacer**, **no era para tanto"**, no digas palabras para mantenerte en la escasez de fortaleza, eso solo reafirma lo pequeñ@ que te ves, tu bajo grado de amor hacia ti.

Por el contrario, tienes que trabajar la bondad para contigo, lo que has hecho ha significado un gran esfuerzo para ti. Por eso, mírate con sinceridad, es lo que realmente importa, ahora ya **sabes que ante los ojos de Dios o de quien tu creas, tú has dado un gran paso.**

Puede que haya sido algo tan simple como hacer una llamada y decir algo que tenías ganas de comunicar a alguien, un asunto pendiente porque pesaba mucho dentro de ti, quizá pedir una cita para hablar con alguien y pedirle perdón, decirle que lo sientes o simplemente despedirte de esa persona con una llamada o un gracias.

A veces también puede que tengas que atreverte a decir **"no",** a poner tus límites y dejar de ser tan permisiv@ con los demás.

Empieza a cuidarte desde tu interior, para luego hacerlo con un buen descanso, un masaje o un viaje de desconexión, eso está bastante bien si ya hiciste tu limpieza y orden interno.

De poco ayuda el intentar solo arreglar la fachada de tu casa, cuando al abrir la puerta tienes un gran desorden dentro.

¿Por dónde tienes que empezar? Sé que todos los días haces algo para toda tu casa, pues no solo utilizas una parte de ella. Si te fijas, al recoger algo de un lugar para ordenarlo, simultáneamente vas acomodando y poniendo orden en otros ambientes de tu casa. Así sucede con tu orden interno.

No importa por donde empieza cada persona. Todos tenemos nuestro propio orden en las prioridades. Lo importante es empezar a conseguir el orden deseado.

Ya has dado el primer paso, has activado tu capacidad de redescubrimiento. Ahora, tienes que seguir haciendo cosas por ti, para mantenerte en el camino e ir avanzando.

Sé que lo harás, ya no hay vuelta atrás. Pero quiero recordarte que has estado mucho tiempo viviendo en un patrón de comodidad o de una realidad que pensabas que era la que había, pero dentro de la cual no estabas siendo feliz.

Quizá, a pesar de tenerlo todo, tu vida estaba sin color, sin motivación.

No te preocupes, has llegado al **momento** que muchos llaman **de quiebre,** ahora es el momento de descubrir tus poderes, para mí, **el momento de cambiar, de entender para que has llegado hasta aquí y empezar de nuevo.** Seguirás siendo la misma persona en cuanto a identidad, pero empezarás a ser diferente, experimentarás un cambio de adentro hacia fuera, este cambio modificará tu rostro, tu voz, tu cuerpo… Te lo aseguro.

Déjame decirte una vez más, que **tienes que empezar desde adentro.** ¿Qué significa esto? La forma en la que pensamos, hablamos y actuamos produce nuestros resultados.

De allí que, deseo que recuerdes que si cambias el enfoque de tus pensamientos, tus palabras tendrán otra vibración y los resultados saltarán a la vista.

Todo en la vida se empieza como proyecto y, a medida que pasa el tiempo, nuestras acciones le dan forma. Somos nosotros los que ponemos la velocidad e intensidad en nuestros actos.

Recuerda que *solo somos dueños de nosotros mismos, no podemos culpar, juzgar y exigir nada del otro si no hemos hecho nuestra parte.*

> **En tu consciencia tú eres tu jef@ y dueñ@ de tu gran proyecto, el de tu vida.**
>
> **Jeanette**

VII
Eso eres tú

PERSEVERANDO EN LO QUE ERES

Desde que desperté al estado de ser responsable de mis dolores, sufrimientos y malestares del alma, empecé a trabajarme y poco a poco empecé a involucrar a mis niñas en mi sanación.

Mis niñas tienen muchas cosas que enseñarme y, cada vez más, veo en ellas lo que creé, cosas que no veía en mí y copiaron y otras que me enseñan a ver la bondad que tienen en su interior como parte de la pureza de su alma, que no está contaminada.

Empecé a decirles lo bien que me estaba sintiendo conmigo y, a pesar de que hace mucho tiempo, les pedí perdón por mis prácticas, no mías, sino repetidas de mi clan, que no me hacían feliz, ellas siempre me miraban sorprendidas, y luego me regalaban sonrisas y abrazos y un - No pasa nada mami -.

Era ver como dos florecitas, algo mustias o asustadas, se sentían valoradas y libres, con ese valor para ser ellas y perdonar, aceptando que su madre no lo sabía hacer mejor.

Fue en esta época cuando empecé a programar los días contando con sus ideas para poner diversión y entretenimiento en nuestros días libres y fines de semana juntas.

Les recordé lo importante que es agradecer por todo, y de seguir respirando conscientemente para dejar salir la ira, el enfado, el asco, la tristeza o el miedo. Lo veían en mí.

Tuvimos varios días en los que pusimos música instrumental,

luego ellas escogían sus canciones preferidas en inglés y yo las cantaba con mi inglés de nivel inicial, así limpiábamos, ordenábamos la casa y cocinábamos. Un día mientras preparábamos un bizcocho nos reímos mucho y nos dimos muchos abrazos y besos, nos pusimos la cara blanca por la harina y el bizcocho nos pareció ser el más esponjoso que habíamos hecho.

De esta nueva etapa, me llevo una gran lección: Nunca es tarde para sanar las heridas que crees que has ocasionado en tus hijos. Solo basta sanar primero tú y mostrarles el nuevo ser que eres, que vean, con tu ejemplo y tus gestos, el amor que tienes y que aunque estés en el proceso, ya dejas salir tu paz y amor. Sin exigencias ni autocríticas, tampoco con un objetivo señalado en el tiempo.

Por eso te digo, aprovecha tu tiempo con tus seres queridos, prepara una comida especial para festejar este día, organiza tu compra, consúltales lo que pueden preparar junt@s. Repárteles tareas, y junt@s, sentaos a ver lo que disfrutan en la elaboración de la comida, bizcocho o cualquier plato especial.

Una anécdota…

Cuando era estudiante en la universidad, con una gran amiga a la que considero una hermana, inventamos un pan para celebrar el día de San Valentín. Casi todas nuestras compañeras tenían novios con quien celebrarlo, pero, nosotras, en ese año nos encontrábamos solas.

Fue entonces, como en lugar de fijarnos en lo que no teníamos, decidimos sonreír y festejar el amor de amigas, compramos un pan especial y lo rellenamos de cosas ricas y diversas, le pusimos de nombre nuestro "pan Valentín", sonreímos al ver nuestra creación, reímos recordando nuestras cosas, terminada la merienda volví a mi casa feliz, con la ilusión de que ese año había tocado vivir la amistad.

Esa determinación la puedes trabajar a diario, nunca te creas que eres el/la únic@ que está pasando por soledad, o te preguntes porque será que tu estas sol@ y existen personas que, en igualdad de condiciones a ti, tienen pareja o viven relaciones maravillosas.

Céntrate en mirar que tu soledad es para que aprendas más de ti y aproveches esa situación para reunirte con personas que estén en igualdad de condición y te puedan aportar alguna forma de diversión, algo que te enriquezca.

No más tristeza ni inconformidad, practica tus habilidades de ocio, dibuja, pinta, cocina, lee, baila, canta, actúa. Yo nunca pensé que, en mis momentos más difíciles, la lectura de un libro me podría haber despertado esta pasión que me llevaría a sanar mis heridas de sufrimiento y recordar el ser valiente pero a la vez amoroso que ya había olvidado que era.

SOBRE EL AMOR A TI MISM@

Me encontraba en esa época de mi vida en la que deseaba encontrar el amor de pareja y fortalecer el amor con mis niñas. Me encontraba en calma, tenía ilusión por realizar un gran sueño, sentía que mi vida iba cambiando a mejor, veía como muchas cosas que deseaba tener, llegaban a mí.

Después de mi rutina habitual al despertarme, me miraba en el espejo y ya no solo me veía desde mi imagen física, me miraba con ojos de bondad y me repetía **"soy el resultado de mis batallas, me gusto tal como soy, doy lo mejor de mí y me comprometo a ser responsable del amor que me ha sido confiado, para expandirlo y contribuir a la conexión universal de la que soy parte"**.

Empecé a practicar esta afirmación cada mañana y pronto pude ver sus efectos. En mi trabajo me decían que me veían muy feliz y me preguntaban si había conseguido novio; yo sonreía y les decía que no era por eso, yo decía-ahora estoy muy a gusto conmigo-. Se sonreían y creo que no entendían lo que quería decirles.

Pero lo que estaba ocurriendo nunca lo imaginé, la transformación que yo sentía desde mi corazón y mis emociones, se veía en mi exterior.

Entonces sin explicación, pude sentir mi sanación interior, ya no solo tenía una dulce sonrisa, como me decían mis compañeros, sino que estaba más feliz, mi ánimo y el resultado de todo lo que me sucedía me confirmaban que atraía mejores situaciones, todo era diferente, veía en cada situación "problemática" una oportunidad de cambio, de autoconocimiento y un reto de como poner a prueba mis deseos, los que repetía sintiendo que los iba a lograr.

Cada día me levantaba con tiempo para mimarme, para disfrutar del agua de una ducha reconfortante, del tiempo para ponerme una crema en el rostro y en el cuerpo, me pintaba los labios, me regalaba mis primeras sonrisas y mis primeros te quiero. Agradecía por todo lo que tenía y lo que vendría. Finalmente terminaba mi rutina de belleza, frente al espejo, declarándome que soy una persona bendecida y por ello, me decía, soy dichosa.

Curiosamente, recordé esa sensación, ya conocida por mí, de alegría, de impulso a seguir con gusto, no con obligación, mis tareas diarias. No veía obstáculos como antes, todo había cambiado, mi mirada convertía las situaciones en oportunidades de mejora. Empecé a recordar como podía desarrollar los talentos con los que vine al mundo.

Esta sensación, me recordó a episodios de mi vida cuando estaba enamorada de alguien, pero ahora no tenía novio, ni pretendiente a la vista, ¿Qué estaba pasando esta vez?, me pregunté. La respuesta fue clara, me había enamorado de mí y de la magia que sucedía a mí alrededor.

Ahora, yo era la protagonista de mi felicidad y lo más sorprendente, **no estaba necesitando a nadie en particular, a nadie especial a mi lado para estar completa.** Me conocía, me aceptaba y eso era suficiente.

Entonces entendí que algo había cambiado, algo había despertado dentro de mí, que todo, mi mirada y mi sonrisa, dependían de mí. Comprendí que el concepto que yo tenía de amor, había cambiado.

Comprendí que lo primero era empezar por mí. Que la felicidad se construye, se reinicia, que yo puedo hacerlo siempre a pesar de mis circunstancias. Entonces, entendí que ya estaba preparada, que ahora soy una prueba más , de que si se puede.

Ya había sanado y ahora tocaba disfrutar de mi, pero sin olvidar que puedo ayudar con mi cambio a quien también lo desee conseguir.

Anímate tú también, ahora es tu turno, lo puedes conseguir.

"Todo lo que viene después, es para ayudarte en este camino donde todos somos capitanes de nuestros propios barcos, en el mar de la vida donde puede haber tormentas pero también días de calma."

Entendí que lo primero era empezar por mí.

Ahora es tu turno, empieza por ti y haz como yo.

Sané y empecé a disfrutar de mí.

Todo lo que viene después, es para ayudarte en este camino donde todos somos capitanes de nuestros propios barcos.

CUANDO ERES AMOR, LO QUE GENERAS ES AMOR

Un día llegó a mi consulta una abuela joven con su hija y su pequeña nieta. La joven era una niña, discapacitada mental, que había sido violada por un familiar, y como resultado, había nacido esa pequeña bebé que llevaban en brazos a vacunar al centro de salud.

La joven seguía viviendo con sus padres y se encargaba de cuidar de su bebé. La abuela me preguntó si quería quedarme con la pequeña, ya que vio mi afinidad con los niños. Yo le respondí -Es muy bonita…ya me gustaría tenerla como mi hijita-. Y me dijo, -Si quiere se la damos- Yo sonreí porque me parecía una broma, pero ella hablaba en serio.

Me quedé pensando en esa propuesta y cuando, al mes, fui a mi casa, la de mis padres, les comenté la idea de querer adoptar una bebé.

Mi madre me dijo, -Pero ¿cómo vas a adoptar una niña si tú dices que tienes muchos planes en la vida? y ¿Cómo lo harías con la niña?, te la tendrías que llevar contigo y ¿quién cuidaría de ella?-

Esa respuesta me hizo plantearme el significado de dar vida y/o criar un hij@. Y miré la adopción como una posibilidad que tienen muchas personas cuando no se encuentran en condiciones de criar a su niñ@. Así otra familia podría darle mejores oportunidades de afecto y salud emocional.

Entonces recordé que siempre me gustaron los niños y deseaba tener hijos, pero no era mi momento. Un hijo era para mí una responsabilidad y un gozo a la vez, siempre pensé un hijo tiene que ser pensado y/o deseado, pero si ya vino a este mundo, sin lo antes mencionado, lo que toca es aceptar la decisión de dar vida y criar con valores en positivo a ese nuevo ser.

También tendría que venir para ser feliz, no para ser un objeto que puede ser cuidado por cualquier persona. Necesita un hogar y una persona que ejerza de madre y si se puede otra de padre. En esa situación mi intención era ayudar a esa bebé de que no fuera a parar a cualquier hogar. Así que, cuando volví a verlas en mi trabajo, cuando acudieron por la vacuna de la bebé a la siguiente cita, hablé con la abuela, -No separes a la bebé de tu hija, mira lo bonita que está gracias a su leche, mira como tu hija, a pesar de su retraso, la cuida bien. Esta bebé es feliz con su madre, ya verás las alegrías que esta pequeña te va a dar. Eso sí, si deseas que tu hija no tenga más niños, debido a su poca capacidad de decisión, te puedo orientar sobre planificación familiar y luego ver algo que se adapte a su situación-. La abuela me dijo que se lo pensaría y que volverían a la siguiente semana. Así fue que la abuela decidió que su hija y ella fueran informadas y escogieron un método del programa de planificación familiar.

Durante el tiempo que estuve trabajando allí, en la sierra cajabambina, vi crecer a la bebé junto a su madre y su abuela, imagino que seguirían manteniendo ese pacto de amor que firmaron aquel día en el pequeño centro de salud rural donde nos conocimos.

DISFRUTA DE TU SOLEDAD

"Soledad", esta palabra que significa falta de compañía, según el diccionario de la Real Academia de la Lengua Española, es tomada con cierto reparo por muchas personas. Se tiene la idea de que la persona que se encuentra sola, es porque le falta cariño, porque le pasaron cosas negativas que la obligaron a quedarse sola. Porque algo raro debe de tener para no haber dado con nadie que le acompañe.

Sin embargo, existen seres, como los ermitaños o los monjes de algunas culturas, que deciden vivir alejados del ruido y de las relaciones sociales con otros seres humanos.

Sabemos que el ser humano es por naturaleza un ser social, todos nosotros fuimos concebidos con un proyecto sentido, este término acuñado por el psicooncólogo francés Marc Frèchet hace referencia a la información consciente o subconsciente, las creencias, los deseos, pensamientos y emociones recibidas de los padres desde nueve meses antes del embarazo hasta los 3 primeros años de vida. Los que se convertirán en programas inconscientes que permanecerán vinculados a nuestras vidas hasta que seamos conscientes, los reconozcamos y nos libremos de ellos.

En nuestra vida diaria un ejemplo de esto es cuando se pregunta a los padres o abuelos y sus respuestas habituales son - para que me cuiden cuando sea viejecit@, - que me cuiden cuando no pueda valerme por mi mism@ -.

Estos proyectos, con los que nos encargaron, varían según

las culturas y las sociedades de nuestro origen.

Pero independientemente de estos proyectos, como el de cuidar de nuestros padres cuando se hagan mayores o de darles compañía y cuidados cuando no puedan valerse por sí mismos.

Lo que sí es común, es que hay una gran diferencia entre disfrutar de tu soledad y aceptarte como un ser en abandono. Lo primero, te ayuda a llegar a tu autoconocimiento, lo segundo, te otorga un papel de poca acción, te pone en situación de víctima.

Pero ¿ hay algo de malo en permanecer en soledad ?, la soledad te lleva al silencio y es allí cuando puedes conseguir tu estado de mayor fluidez mental, es el momento donde te encuentras con tu verdad, es cuando puedes oír tu verdadera voz interior. La oración y la meditación te conectan con tu silencio interior.

Lo más hermoso de la naturaleza se ha desarrollado en el silencio universal. Si observas la naturaleza, los más bellos paisajes están hechos en silencio, en soledad, los minerales, como los diamantes se hacen con el paso de los años en silencio y las especies más bellas también se reproducen en silencio.

Much@s de nosotr@s hemos pasado gran parte de nuestras vidas siguiendo el ruido de nuestra sociedad, de nuestro entorno. Algun@s se dieron la oportunidad de desconectar de ese juego inconsciente, de manera voluntaria, a través de prácticas habituales para algun@s, que están reflejadas en el capítulo IV.

Otr@s lo hicieron a través de situaciones dolorosas y desafiantes que lograron despertarl@s y ponerl@s en la frecuencia de su silencio y entender sus procesos. Pero finalmente todos pasamos por el silencio, que es reparador.

Y tú, en tus momentos de máxima tensión, ¿intentas apartarte de lo exterior y buscas tu verdad?, buscas tu ¿Por qué?, ¿para qué?, ¿qué quiero, realmente?, ¿qué tengo para dar?, ¿qué me falta?...

Sin importar todas estas preguntas, estoy convencida de que terminarás encontrando tu esencia y empezarás a marcar tu camino, no el que te marcan otras personas.

En tu destierro espiritual podrás enfrentarte a tus pensamientos. Debes soltar, confiar y no aferrarte al temor. Recuerda que, tu verdad se manifiesta en tus momentos de conexión con tu espíritu.

> **La mejor manera de ser feliz con alguien es aprender a ser feliz solo. Así la compañía es una cuestión de elección y no de necesidad.**
> **Mario Benedetti**

¿HABLAS O TE COMUNICAS CON TU MADRE Y/O PADRE?

"Era una tarde de primavera, y me encontraba en el parque con mis niñas, que jugaba con sus amigas. Mientras ellas ju-

gaban, yo me sentaba en una banca a esperarlas. Muy cerca de mí había un grupo de madres que conversaban. Una de ellas comentó -Y mi suegra, que no para de echarse novios, está como una adolescente a sus 65 años y eso que se divorció cuando tenía 40 años, y últimamente no sé qué le ha pasado pero parece que le falta tiempo y va en busca y captura de un novio- Otra le preguntó -Y su hijo (tu marido) ¿qué dice?-. -Él pasa, no le dice nada, pero trata de evitarla cuando la ve muy emperifollada, como si fuera una bailarina muy llamativa-"

La vida se va haciendo con cada instante, con cada segundo de tiempo que transcurre.

Como hija/o que eres, vienes de unos padres, pueden ser biológicos o no. Ellos, al igual que tú haces ahora con tu descendencia, si la tienes, te dieron su cuidado cuando eran jóvenes y empezaron su crianza, la que tal vez ya no recuerden al detalle.

Pero independientemente de si eres solo hij@ o madre/padre e hij@, te dieron, con su estilo propio, las bases de lo que tú ahora has construido.

Tú eres, ahora, el resultado de lo que te dieron siguiendo su instinto de padres y los consejos familiares o populares de su momento, más tu trabajo personal, a partir de que te independizaste de ellos o fueras consciente de tu vida.

Si tienes la suerte de tenerlos todavía contigo, ellos siguen sus vidas sin olvidar tu presencia y la de la familia que has conformado o deseas conformar.

Ahora tus conocimientos se han multiplicado en relación a los que ellos obtuvieron en su día.

Aunque tus padres son personas sabias, pues llevan años en este camino observando los sucesos de la vida y aprendiendo del ensayo-error, esto no significa que en algún plano, de su actual vida, necesiten algo de orientación y el aporte de tu actual conocimiento y de tu cariño.

Está muy bien estar reunidos para las celebraciones familiares, por navidades, los cumpleaños, el día de la madre y el padre y otras más. Pero si solo lo hacéis desde un plano social, no tendréis la suficiente abundancia de amor en vuestras vidas.

Ellos, como seres humanos, también comenten fallos y llevan consigo sus propios niñ@s interiores herid@s, tristes o frustrad@s; pero desconocen estos conceptos, ignoran que este tema forma parte de su existencia, quizá no tienen la información, tal vez ni el tiempo, ni las herramientas para trabajarlo. Si tú estás en este camino, ya les llevas ventaja, y podrías ayudarles sin darte cuenta con una clase magistral basada en lo que has leído o aprendido sobre como cuidar al niñ@ interior.

Es muy posible, que tú pienses que no van a cambiar o que no van a querer, pero y si empiezas a preocuparte por él o ella, no solo del plano físico, sino empezando con algo tan sencillo como ¿Qué tal pasaste el día?, ¿fuiste al médico?, ¿hiciste algún recado?, ¿qué harás de comida?... Con cualquier pregunta sencilla que os permita conectaros, que sienta que te interesas, y también lo puedes hacer de forma específica, por ver cómo van sus relaciones en el amor. Quizá necesite ver la vida con más ilusión y tú le puedas intentar mostrar el camino de luz.

Puede que viva un matrimonio de verdadero amor con su pareja, o que siempre se esté quejando de él o ella. O quizá es una persona divorciada o viud@ que vive la vida centrada en el disfrute, sin asumir ningún compromiso y cada cierto tiempo te presenta novios, o novias y tú le respetas y dices, es su vida y yo no tengo por qué meterme.

Y si quizá está desenfocad@ y necesita que alguien de su familia le hable con amor y le ayude a reconocer que no hace falta tanta búsqueda para ser feliz, que si es su decisión estar acompañad@, que lo haga, pero que empiece queriéndose primero él o ella. Y entonces la persona que le acompañará de manera certera aparecerá.

Tienes el deber moral, de llegar al corazón de tu progenitor y ayudarle a que viva lo que le quede de vida en el camino de su sanación.

Él o ella te dio todo lo mejor de su ADN, te ayudó, seguro económicamente, pero si éste no fue el caso da lo mismo. Hasta el día de hoy eres para él o ella motivo de orgullo.

Empieza ya, por reconocer que deseas una vida de unidad con tu madre o padre, aceptar que deseas que viva feliz, no es dejar pasar las cosas.

No esperes a que siga gastando más, porque tiene todos los electrodomésticos para hacerle la vida más fácil, tiene los armarios llenos de ropa para que no le falte nada y realiza muchas reuniones y quedadas con amistades de su época. Si solo hiciera esto y le vieras que es una persona que sigue una línea desde que tú recuerdas, cuando vivían todos juntos en casa antes de independizarte, te puedes dar por satisfech@, porque lo que tendrás que comunicarle no será muy extenso. Pero si por el contrario, hace todo eso para intentar llenar un vacío emocional que le acompaña desde su infancia, y él o ella no lo ven, entonces es ahí donde debes actuar.

Amarle no es dejarle que haga lo que él o ella desee, amarle también es involucrarte desde un plano paralelo, darle una mirada diferente de su vida. Quizá él o ella esté viud@, divorciad@/separad@, o lleva como madre/padre solter@ desde que te engendró.

Te sorprenderás de lo que escucharías si planificas una conversación con ella o él. Quizá no consigas que abra su corazón en los primeros minutos, pero por el amor que te tiene y lo que representas para ella o él, entrarás en un momento mágico de conexión. De corazón a corazón.

Es ahora donde empezarás a ejercer tu propósito de agradecimiento por ese ser que te cuidó, te dio parte de su ser, su poco o mucho tiempo y sus enseñanzas.

Ahora tú estás en otro nivel, debes reconectarle con el amor, ese que llevas dentro de tu ser.

Empieza preguntándole cómo le va con el amor, si está a gusto con tu madre o con tu padre, según sea tu caso; o si tiene alguna relación sentimental con alguna persona y que es lo que desea en el amor para ser feliz.

Refuérzale el concepto de disfrute, de respeto mutuo y amor correspondido, que viva sin rencor, sin necesidad de nadie, porque se tiene a sí mismo.

Que sean nuestros padres (madre o padre), no significa que no necesiten de nuestra ayuda, no solo de compañía, que es muy importante en los años de adultez y senectud.

Ayudarles a recordar que tenemos todo para reconectarnos al amor y que intentamos suplir esa falta de él consiguiendo sobretodo cosas materiales, intentamos vernos muy guapos para que nos miren, para gustar, para que nos quieran, para ser valorados. Comprar cosas para sentir que no nos falta nada, que tenemos de todo, todo el tiempo comprando cosas, siempre hay algo que puede venir bien.

Esto demuestra que el inconsciente está manifestándose, por lo general, no se sabe interpretar, estamos ocupados en nuestras rutinas, nuestros deberes laborales y morales fuera y dentro de nuestros hogares, que no lo vemos.

Busca tiempo de calidad para tener un reencuentro con tu madre o padre, quizá ella o él se sorprenda. Hazlo convencid@ de que es otra forma de demostrarle que le amas, y no solo regalarle ropa, un viaje o un cuadro con la foto de la familia cuando eran pequeños o ahora con todos los nietos.

Es ahora el momento de que seas el amor que llevas dentro de ti. Ayúdale a centrarse, quizá consiguió lo mejor en otros campos de la vida: doméstico, profesional, laboral, social pero en su vida sentimental no.

Si ahora tiene a alguien en su vida, interésate por sus planes con esa persona, refuérzale tu apoyo, sé una persona empática para él o ella.

Recuérdale que concentre su energía en el presente, que tiene tu apoyo. El resto lo hará él y el universo. Tú marcale la ruta. Quizá él ya la sabía pero no quería verla.

Lo que tú hagas por tus padres, te lo estás haciendo a ti y a tu descendencia. Todo lo que tus progenitores sanen, no te pasará a ti ni a tus descendientes.

Gracias por ayudar a tu clan a limpiar heridas que no fueron sanadas en generaciones anteriores, quizá por desconocimiento o por falta de inquietud, o por falta de ganas, o de claridad, o simplemente porque tu parte tenía que ser hecha ahora.

UNA VIDA SIN SENTIDO ES COMO UN BARCO SIN RUMBO

Cuando empezamos a ser conscientes, de nuestra presencia en este mundo, vivimos la vida, posiblemente, de una forma organizada, siguiendo nuestra voz interior o siguiendo la voz de los demás en estos procesos de crecimiento, desarrollo físico y mental, conseguimos ser felices o vivir atrapados en un teatro donde no nos gusta el papel que desempeñamos.

A más de una persona le despierta la maternidad y la paternidad o un acontecimiento feliz o un acontecimiento infeliz. Pero hay mucha gente que pasa los años de su vida en constante monotonía, regañando, enfadad@, triste, en actitud pasiva o en contra de su bienestar.

No esperes llegar a mayor para avanzar porque te has dado cuenta que el tiempo pasa y que no serás eterno en este plano.

No te lleves a la tumba innumerables por qués. Ni remordimientos de no haber hecho lo suficiente mientras vivías, "y si hubiera hecho aquello…".

Marca tus planes, deséalos y trabaja por ellos.

Vive, pero recuerda que tienes fecha de caducidad.

> **El día que dejes este mundo, deseo que lo hagas en paz y con la certeza de que lo hiciste todo para ser feliz.**
> **Jeanette**

LA PAZ, TU OBJETIVO FINAL

Conviértete en una nueva persona capaz de disfrutar y cambiar tus esquemas. Ya tienes las herramientas que has estado buscando, ahora sólo te queda usarlas, ponerlas en práctica, para conseguir tu estado de calma como yo hice y el que tú también lograrás.

Es muy reconfortante llegar todas las noches de tu vida con tranquilidad, poner tu cabeza en la almohada y sentir que diste todo lo mejor de ti, que venciste tus miedos que supiste identificarlos. Por eso, pudiste decidir guiad@ por tu corazón, el que se agita de felicidad siempre que sabe que le escuchas, esto te da una sensación de felicidad y paz.

Sé que ahora más que nunca harás las cosas con consciencia, cuidarás tus palabras que son creadoras al igual que tus pensamientos. Miraste en tus acciones cuáles tuvieron los resultados esperados y cuáles no, sin importante el objetivo final, sino, la forma en que actuaste, cómo diste todo con amor sin hacerte daño, disfrutando de tus ganas de cuidar, dar, proteger sin esperar nada a cambio. Desde tu humildad te estás haciendo grande desde dentro.

Cuando te conviertes en un ser responsable de tu vida, de tus creaciones; tu camino hacia la felicidad se muestra ante ti sin excusas.

Te reconocerás, desde la humildad, como una nueva persona, sincera, segura y comprensiva contigo.

> **Para ser grande primero tienes que reconciliarte con tu niño/a interior, el resultado lo verás en los gestos de amor que salen de tu ser, como expresión de tu grandeza interior.**
>
> **Jeanette**

VIII
Últimas sugerencias

Vive con amor, vive de recuerdos positivos, disfruta de tu presente y ama sin reparo. El amor es paz, es perdón, es entender que todo empieza en ti, es disfrutar de tu paz interior porque has aceptado tu imperfección, tu responsabilidad y tu capacidad creadora.

Empieza perdonándote a ti mism@ y perdona las veces que haga falta lo que no entiendas de las situaciones de tu alrededor.

No intentes buscar respuestas a las preguntas incorrectas que empiecen con un **por qué,** solo acepta que <u>todo lo que ocurre en tu ahora, es una oportunidad para redescubrirte,</u> empezar a desarrollar tus capacidades innatas que ya no recuerdas, empezar a enfocar tu mirada en varios ángulos para recordar tu flexibilidad, tu multivisión, aquella que llevas oculta en las profundidades de tu ser.

Vuelve a conectarte con tu mirada de fe, de confianza, esa que tenías cuando eras pequeñ@, esa que te permitía sonreír aún sin entender las cosas que te sucedían, eras un bebé y casi siempre sonreías en esos momentos, sólo seguías el plan perfecto de tu desarrollo físico, biológico, neurológico, emocional.

Ahora que te hiciste mayor, todavía puedes continuar desplegando tus sonrisas, esas que volverán a ti cuando retomes tus proyectos, tus sueños, tu propósito de vida, todo aquello que te define como el ser valioso que eres y cuya presencia en este plano está en consonancia con el resto de la humanidad porque eres una pieza valiosa en el mágico puzle (rompecabezas) de la vida.

Si entiendes lo que hoy tienes, esa palabra tan pequeña de cuatro letras, VIDA, entonces sabrás que el estar vivo es un privilegio para reiniciarte a diario e ir construyendo tu realidad.

Tienes vida, aprovéchala, vivir no es lo mismo que sobrevivir. Vivir es reconocer que cada segundo que pasa, es un segundo más disfrutado en nuestro propósito. Pero si todavía no has aceptado que eres el mago que crea, a cada instante, su realidad y lo haces con cada pensamiento, y decisión que tomas; entonces te invito a que observes con la mirada de luz y claridad que posees, que el tiempo es un bien no renovable, cada segundo que pasa no vuelve, tienes tiempo para romper tus prejuicios, todo aquello que no reconoces como tuyo, sino que te llegó como quien recibe un regalo, sin saber muchas veces para qué.

Pero ahora tienes el poder de identificar con que regalos te quedas, cuáles te son útiles. Puedes decidir dejar, ceder o simplemente agradecer y decir "gracias no lo necesito".

Entonces habrás empezado a dejar aquello que no te ayuda, que solo te pesa, te bloquea y no te permitía avanzar en tu camino de armonía, libertad, paz y amor.

La clave es actuar conscientemente para sentirte ligero de cargas emocionales, culpas, quejas, creencias, etiquetas, prejuicios que limitan tu ser.

Es tiempo de cambio, de acción, ya llegó el momento de manifestar el ser de luz que siempre fuiste y que decidió vivir su nueva vida con consciencia atrayendo felicidad porque ese es tu objetivo final.

El camino está puesto y tú estás ya en él. Adelante, no te resistas a los cambios, vienen a ti para ayudarte. El tiempo avanza y viniste a ser feliz, llevas amor y paz para salir victorioso/a, para sanar tu cuerpo y tu alma. Todo está dentro de ti. Te vino de regalo el día que viniste a este plano. Confía y avanza que eres un ser amado.

> **La felicidad se alcanza cuando, lo que uno piensa ,**
> **lo que uno dice y lo que uno hace**
> **están en armonía.**
>
> **Gandhi.**

La decepción es finita

y debemos afrontarla,

pero la esperanza es infinita,

y jamás debe perderse.

Martin Luther King

Agradecimiento

Quiero agradecer a Dios por regalarme más días de vida y haber puesto a un gran instrumento suyo para que me ayude a conseguir mi cambio y la materialización de mi propósito de vida.

Se trata de Lain, un hombre que con sus enseñanzas me ha permitido poder llevar a cabo que pueda escribir mi trilogía "Reinicia tu felicidad" para ayudar al mundo a llevar más paz y amor.

Me refiero que hace más de seis meses me encontré con situaciones que me ayudaron a ver toda la abundancia que llevaba en mi interior y que podía compartirla sin temor.

Pero como persona racional, dudé de poderlo conseguir, pero fue con la ayuda de Lain, en su evento "Vuélvete imparable" de diciembre del 2018 donde pude entender que todos tenemos un propósito de sanación personal y de expansión de ese don, el cuál solo desea beneficiar a la humanidad.

Debo decir que cuando eres luz, paz y sobretodo amor, como lo somos todos, lo que atraemos es bondad y prosperidad.

A través de los libros de Lain, pude sentir que todo tenía un fundamento, una explicación a lo que había vivido y descubrí que ahora se podía sacar todo lo bello sin miedo; solo me quedaba creérmelo y pedir ayuda si me faltaba fuerza para confiar en que sí puedo.

Gracias Lain por toda la información recibida y por tu implicación en contagiarnos de esperanza, acción y bondad.

A partir de ahora, soy junto a ti una prueba viviente de que si se actúa con fe y siguiendo las enseñanzas de Jesús, siempre estaremos protegidos.

Ahora deseo junto a tus libros sumar amor incondicional a la humanidad, porque como lo dice un dicho popular "es de buen nacido ser agradecido". Y yo pretendo darte las gracias a ti y a mi Padre Celestial por el gran regalo que me hace cada día de seguir viva y feliz cumpliendo mi propósito de vida.

LA VOZ DE TU

ALMA

Principios del mundo METAFÍSICO/CUÁNTICO para lograr lo que deseas en el mundo FÍSICO/MATERIAL.

LAIN

Por muchos "NO" de tu pasado, hay un gran "SÍ" en tu futuro.

HAZTE MENSAJERO
de felicidad

AYÚDAME A DESPERTAR A MÁS PERSONAS

1. Regala este libro a aquellos que más quieres

2. Hazte una foto con el libro y envíamela a:

jemilagritos@yahoo.es

3. Si este libro te ha ayudado en tu vida, comparte tu experiencia conmigo y con el resto de personas. Con tus palabras puedes ayudar a muchas personas a transformar sus vidas.

4. Graba un vídeo de treinta segundos y comparte tu testimonio en mis redes sociales.

GRACIAS, GRACIAS, GRACIAS.

Completa tu trilogia

9 788409 114221